기둥영어는 특별합니다.

하루에 한 스텝씩
꾸준히 공부하면
쉽게 영어를 정복할 수 있습니다.

최파비아 기둥영어 2

최파비아 기둥영어 2

1판 1쇄 인쇄 2020. 12. 15.
1판 1쇄 발행 2020. 12. 28.

지은이 최파비아
도　움 최경 (Steve Choi)
디자인 Frank Lohmoeller (www.zero-squared.net)

발행인 고세규
발행처 김영사
등록 1979년 5월 17일(제406-2003-036호)
주소 경기도 파주시 문발로 197(문발동) 우편번호 10881
전화 마케팅부 031)955-3100, 편집부 031)955-3200 | 팩스 031)955-3111

값은 뒤표지에 있습니다.
ISBN 978-89-349-9139-7　14740
　　　978-89-349-9137-3　(세트)

홈페이지 www.gimmyoung.com　블로그 blog.naver.com/gybook
페이스북 facebook.com/gybooks　이메일 bestbook@gimmyoung.com

좋은 독자가 좋은 책을 만듭니다.
김영사는 독자 여러분의 의견에 항상 귀 기울이고 있습니다.

최파비아 기둥영어

영어공부를 재발명합니다

4번 DO / BE 기둥
5번 DOES / BE 기둥

2

최파비아 지음

감영사

기둥 구조로
영어를 바라보는 순간
영어는 상상 이상으로
쉬워집니다.

영어의 모든~ 말은 아무리 복잡해 보여도 다 이
19개의 기둥들로 이루어져 있습니다.
더 좋은 소식은, 19개 모두 한 가지 똑같은 틀로
움직인다는 거죠. 영어가 엄청 쉬워지는 겁니다.
지금까지 영어 정복은 끝이 없는 것처럼 보였을
텐데요. 19개의 기둥을 토대로 익히면 영어
공부에 끝이 보이기 시작할 겁니다.

한국인처럼 영어를 열심히 공부하는 사람은 없습니다.
왜 우리는 지금까지 "영어는 기둥이다"라는 말을 못 들어봤을까요?

기둥영어는 세 가지 특이한 배경의 조합에서 발견됐습니다.
첫 번째는 클래식 음악 작곡 전공입니다.
두 번째는 열다섯 살에 떠난 영국 유학입니다.
마지막으로 세 번째는 20대에 단기간으로 떠난 독일 유학입니다.

영국에서 영어만 쓸 때는 언어를 배우고 익히는 방법을 따로 고민하지 않았습니다.
영어의 장벽을 넘어선 후 같은 서양의 언어인 독일어를 배우며 비로소 영어를 새로운 시각
으로 바라볼 수 있었습니다. 클래식 음악 지식을 배경으로 언어와 음악을 자연스레 비교하
자 영어의 구조가 확실히 드러났으며, 그러던 중 단순하면서도 확실한 영어공부법을 발견하
게 되었습니다.
'기둥영어'는 이 세 가지의 특이한 조합에서 탄생한 새롭고 특별한 공부법임에 틀림없습니다.

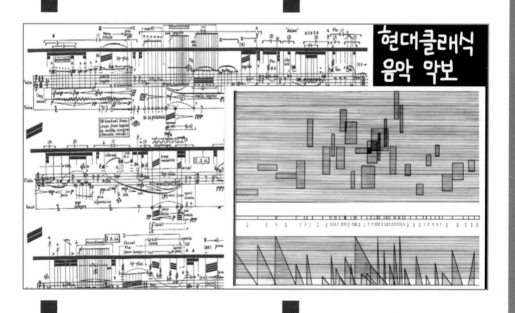

현대클래식
음악 악보

서양의 건축물을 보면 기둥이 있습니다. 서양인들은 건축뿐만 아니라 음악도 소리를 기둥처럼 쌓아서 만들었습니다. 건축이나 음악과 마찬가지로 영어도 기둥을 세우는 구조로 만들어져 있습니다. 영어의 기둥 구조는 건축과 음악처럼 단순합니다. 구조의 기본 법칙과 논리만 알면 초등학생도 복잡하고 어렵게 느끼는 영어를 아주 쉽게 자신의 것으로 만들 수 있습니다.

지금까지 우리가 알던 영어공부법은 처음에는 쉽지만 수준이 올라갈수록 어려워집니다. 이 기둥영어는 문법을 몰라도 끝까지 영어를 쉽게 배울 수 있습니다.

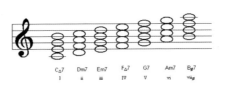

앱과 온라인 기반의 영어공부법이 우후죽순으로 나오고 너도나도 교재를 출간하는 등 영어 학습 시장은 포화 상태입니다. '기둥영어'는 왜 과열된 학습 시장에 뛰어들었을까요?

시장에 나와 있는 모든 영어공부법을 철저히 분석해봤습니다.

결론은 한국인은 영어공부를 너무 오랫동안 한다는 사실입니다.
죽어라 공부해야 결국 일상회화나 할 정도가 됩니다.
고급 영어는 아예 쳐다도 못 봅니다.
다시 말해 외국어 교육법으로는 형편없습니다.

유학생이 영어를 익힌 후 생활 속에서 자연스레 영어를 쓰듯, 국내에서 공부해도 유학생처럼 되는 영어공부법을 재발명할 필요가 있습니다. 그래서 영어공부법을 재발명했으며, 이것이 바로 기둥영어입니다. 더구나 이 방법은 사람들의 기대를 완전히 뛰어넘는 영어공부의 혁명입니다.

한국인은 전 세계에서 5위 안에 들 정도로 똑똑합니다.
이렇게 똑똑한 사람들은 시스템이나 구조보다 위에 있어야지, 그것들에 종속되어서는 안 됩니다. 우리는 중학교-고등학교-대학교까지 잘못된 영어 시스템에 종속되어 왔습니다. 심지어 유치원-초등학교까지 이 시스템에 종속되려고 합니다. 학교 영어교육 시스템에서 벗어나 사회로 나오면 또 돈을 들여 영어공부를 다시 시작합니다. 10년 아니 20년이 넘는 시간과 자신의 재능을 낭비하는 것입니다.

10대부터 60대까지 모든 연령대의 학생들을 가르치며 확신한 것이 하나 있습니다.
"우리는 이렇게까지 영어를 오랫동안 힘들게 할 필요가 없다."
이 바쁜 시대에 영어공부법은 쉽고 정확하고 빨라야 합니다. 빨리 영어를 도구로 삼아 더 큰 목표에 집중해야 합니다.
기둥영어는 영어라는 언어를 처음으로 우리에게 이해시켜줍니다.
쉬워서 모든 사람이 배울 수 있고, 정확한 분석으로 영어공부에 쉽게 적용할 수 있으며, 회화만이 아닌 모든 영역에 빠르게 생활화할 수 있습니다.
기둥영어가 여러분의 영어공부에 새로운 빛이 되어줄 것이라 확신합니다. 책을 통해 이 교육법을 모두와 공유합니다.

포기하지 마!

네가 못해서

그런 게 아니야.

원어민 선생님과 바로 스피킹하는 기존 방식은 '맨땅에 헤딩'하기와 같습니다.

원어민은 태어나 한 번도 영어 스피킹을 배운 적이 없습니다. 우리가 한국어를 자연스럽게 터득한 것처럼 그들도 마찬가지입니다.

원어민 선생님은 그저 우리와 대화하면서 틀린 것을 고쳐주거나, 필요한 문장을 반복해서 외우라고 말합니다.

세상에 말이 얼마나 많은데 일일이 어떻게 다 외웁니까?
그렇게 외우다가는 끝이 없습니다. 고급 영어는 꿈도 못 꿉니다. 결국 포기하게 될지도 모릅니다.

즉석에서 문장을 만들어내며 나의 메시지를 전달할 줄 알아야 외국어 공부로부터 자유로워집니다.

유학을 갔다 오든, 한국에 있든, 영어를 잘하려면 영어의 큰 구조를 알아야 합니다. 그래야 영어 실력도 올리고 고급 영어까지 구사할 수 있게 됩니다.

지금도 초등학교에서는 영어 문장 고작 몇 개를 반복해서 말하며 익히는 것에 한 학기를 소비합니다.

그러다 중학교부터 시험에 들어가면 실제 영어랑 너무 달라서 결국 둘 중에 하나는 포기하기에 이릅니다.

공부해야 하는 기간에 영어를 놓쳐버린 우리는 성인이 되어 자비를 들여 실전 영어를 하려 하지만, 체계적인 방법은 없고 다 그때뿐입니다. 시간이 지나면 까먹어서 다시 기본 문장만 영어로 말하고 있습니다.

요즈음은 안 들리는 영어를 머리 아파도 참아가며 한 문장을 수십 번씩 듣고 따라 하는데 그게 얼마나 집요해야 할까요! 학생이든 성인이든 영어를 좀 알아야 하죠! 문장이고 문법이고 이해가 안 가는데… "귀에서 피나겠어!"

기존 시스템은 우리를 너무 헷갈리게 합니다. 그래서 기둥영어는 영어의 전 과정을 세밀하게 담아내면서 남녀노소 그 어느 레벨이든 탄탄하게 영어가 쌓이도록 만들었습니다.

기둥영어를 담아낸 체계적인 시스템이 Map입니다. 그럼 Map을 구경해보죠.

〈교재사용법〉 Map은 영어의 전 과정을 보여줍니다.

Map의 구성은 기존의 모든 영어책과 다릅니다. 가르쳐주지 않은 구조는 절대 예문으로 섞여 나오지 않기 때문에 (다른 모든 영어 교재들은 섞여 나옴) 자신감이 향상되면서 스피킹이 됩니다.

또한 개념을 꾸준하게 설명하면서 모든 것을 암기가 아닌 응용으로 익히기 때문에 스텝이 진행되면서 여러분이 말할 수 있는 영어 문장들은 기하급수적으로 많아집니다.

#	1	2	3	4	5	6	7	8	9
01	명령	주어 I you	will	do	does is	be + 잉	was were	did	there / YN Q
02	my your	can	me you / him her	always ~ / sometimes	too	right now	동명사 ing	for 2탄 (시간)	front back
03	not	not	be vs come	not	actually	not	mine / ~ ours	YN Q	not / no
04	and	there over / there (here)	in at on	home / vs house	of	only	more / + er than	불규칙	its
05	her his	he she we / they	month / + day	YN Q (do)	not	wear vs put on	practically	not	working mom
06	a	YN Q 1	come on	listen / vs hear	fun vs funny	YN Q	not / was 잉	when	also
07	the	again / + an the	not	am are	you look funny	through	before	yet	apparently
08	prefix : er	plural	later	from	still	boring	never	find vs look for	during
09	up down	YN Q 2	see vs watch / vs look	am not + 명사	YN Q does is	first / + all the time	into	obviously	after
10	number / + money	in out	+ us them	love	no idea	you guys	out of	become	WH Q
11	please	take	but	have - 있다	thing(s) nothing	to 다리 1탄	one of them	WH Q	one none
12	동사 문법	our their	~s 소유격	therefore	off	WH Q	every vs all	what kind / sorts	below
13		WH Q	고급단어조심	WH does is	because	YN Q	YN Q	by 1탄	above (all)
14		this that	so	few little	future / + go vs come	a lot of	most + est	once / three times	which
15		Obj-It / + just + try	주어 it / they	YN Q (am are)	a lot of	buy me this	형용사	enough	both
16		WH 주어	WH 주어	find / without	find / this easy	what on earth	vs neither	that	either a or b
17		then	WH 1	what + noun	about	about	over	think / believe so	next, next to
18		tag Q	speak vs / tell talk say	really	o'clock	on earth	WH Q	I said	if 1탄
19			WH do	WH 1	WH 1	WH 1	some + any + no	almost	tag Q
20			WH am are	keep / him happy	WH 주어	WH 주어	ago (뒤)	mean	manage to
21			play - sports	how + adj	so much	so much	it's easy to judge	WH 주어	
22			I do well / I am well	properly	more money than 1탄	better worst	good	anyway / by the way	
23			or	under	tag Q	WH 주어	WH 주어	did you use to	
24			make me go	WH 주어		to 다리 2탄	hearing / + shopping	tag Q	
25			you / in general	adverb ~ly			pretty quite		
26			some many / much 1탄	like 1			tag Q		
27			tag Q	ly 2탄 exactly / actually			even		
28			very	tag Q					
29			thank you / you are welcome	like 2					
30				thank you / it's all right					

스텝에서는 우리말이 많아 보이지만 우리말 설명 앞에 계속해서 나오는 #이 붙은 모든 문장을 이제 여러분 스스로 영어로 말하게 될 것입니다. 설명은 많지 않습니다. 개념을 익히고 계속 영어로 만들면서 진행합니다. 그래서 영어라는 언어가 어떤 것인지 정확히 감을 잡게 됩니다. 이렇게 해야 영어 공부에서 자유로워집니다.

말하기로 진도가 나가면서 듣기, 쓰기, 독해를 함께 끝낼 수 있습니다.

언어는 이렇게 모든 것을 아우르며 공부하는 것이 맞습니다.

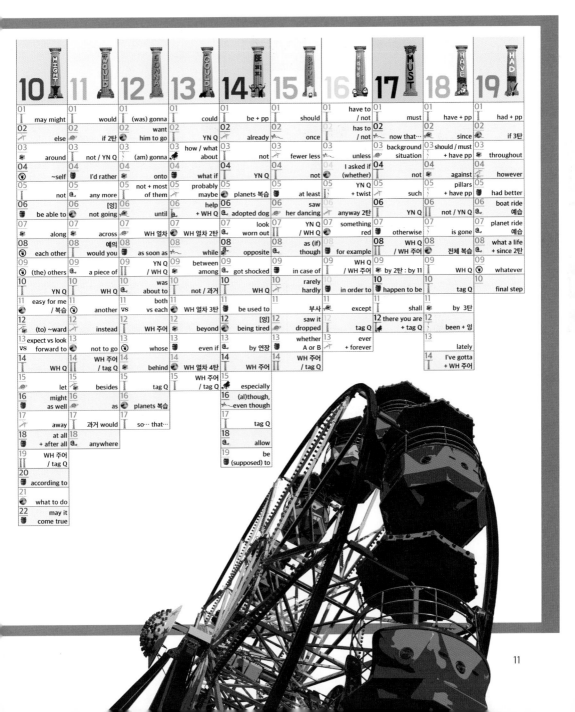

	10 MIGHT	11 WOULD	12 GONNA	13 COULD	14 BE 비	15 SHOULD	16 HAVE to	17 MUST	18 HAVE	19 HAD
01	may might	would	(was) gonna	could	be + pp	should	have to / not	must	have + pp	had + pp
02	else	if 2탄	want him to go	YN Q	already	once	has to / not	now that…	since	if 3탄
03	around	not / YN Q	(am) gonna	how / what about	not	fewer less	unless	background situation	should / must + have pp	throughout
04	~self	I'd rather	onto	what if	YN Q	not	I asked if (whether)	not	against	however
05	not	any more	not + most of them	probably maybe	planets 복습	at least	YN Q + twist	such	pillars + have pp	had better
06	be able to	not going	until	help + WH Q	adopted dog	her dancing	anyway 2탄	YN Q	not / YN Q	boat ride 예습
07	along	across	예의	look + WH 열차 2탄	worn out	YN Q / WH Q	something red	otherwise	is gone	planet ride 예습
08	each other	would you	as soon as	while	opposite	as (if) though	for example	WH Q / WH 주어	전체 복습	what a life + since 2탄
09	(the) others	a piece of	YN Q / WH Q	between among	got shocked	in case of	WH Q / WH 주어	by 2탄 : by 11	WH Q	whatever
10	YN Q	WH Q	was	not / 과거	WH Q	rarely hardly	in order to	happen to be	tag Q	final step
11	easy for me / 복습	another	both vs each	WH 열차 3탄	be used to	부사	except	shall	by 3탄	
12	(to) ~ward	instead	WH 주어	beyond	[잉] being tired	saw it dropped	tag Q	there you are + tag Q	been + 잉	
13	expect vs look forward to	not to go	whose	even if	by 연장	whether A or B	ever + forever	ever	lately	
14	WH Q	WH 주어 / tag Q	behind	WH 열차 4탄	WH 주어	WH 주어 / tag Q			I've gotta + WH 주어	
15	let	besides	tag Q	WH 주어 / tag Q	especially					
16	might as well	as	planets 복습		(al)though, even though					
17	away	과거 would	so… that…		tag Q					
18	at all	anywhere			allow					
19	WH 주어 / tag Q				be (supposed to) to					
20	according to									
21	what to do									
22	may it come true									

〈교재사용법〉 아이콘 설명

기둥을 중심으로 Map을 따라가다 보면 영어의 다양한 구조들을 빈틈없이 싹 훑게 될 것입니다. 영어는 기둥을 계속 나란히 세울 수 있게 만들어진 언어이고 그 기둥들에 붙는 다양한 도구들은 총 10개밖에 안 됩니다. 이것들로 인해 영어는 다시 한번 엄청 쉬워집니다.

이 도구의 아이콘들과 특이한 명칭들은 여러분에게 재미있으라고 만든 것도 아니고 심심해서 만든 것도 아닙니다.

각 문법의 특징을 상기시켜주는 중요한 도움이 될 장치라는 것을 알게 될 겁니다. 모든 그림은 문법의 기능을 보여주기 위한 것이며 각각의 틀을 정확히 알아야 처음으로 접한 말도 스스로 응용해 영어로 만들 수 있습니다. 각 아이콘은 초등학생도 영어 구조의 기능을 완전히 파악할 정도로 정확히 보여줍니다.

그러면 등위 접속사, 부정사 명사 기능, 관계대명사, 부사구, 분사구문 조건절 등등 저 잡다하고 복잡한 모든 문법 용어가 다 사라집니다. 하지만 여러분은 정확하게 문법들을 사용할 수 있게 되죠.

그리고 고급 문법 구조들도 스스로 응용하여 새로운 말까지 만들어낼 수 있습니다.

반복되는 아이콘이 머릿속에 문법의 기능과 이미지로 꽉꽉 새겨지며 복잡한 문법들이 이렇게 귀여운 10개의 도구로 끝납니다.

나중에는 이미지만으로 설명 없이도 새로운 구조를 바로 이해하게 됩니다. 이렇게 적은 수의 아이콘으로 어려운 문장들까지 쉽게 읽고 말하는 신비한 경험을 하게 될 겁니다.

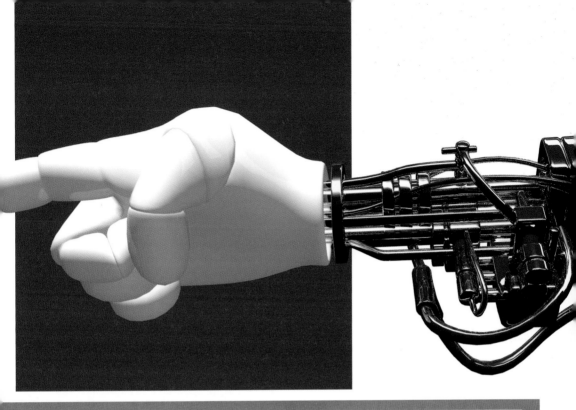

〈문법 용어〉

영어를 모를 때나 문법 용어를 찾게 되지 영어가 보이면 문법 용어는 쳐다보지도 않게 됩니다. 이 코스로 배운 모든 학생이 경험한 변화입니다. 여러분도 각 기능을 다 알고 나면 더 이상 이 아이콘을 굳이 쓰지 않아도 됩니다. 정작 영어를 하기 시작하면 용어 자체를 말하는 일 없이 자신의 말을 하기 때문입니다.

영어는 반복 훈련이 필요하다는 것을 다들 아실 것입니다.
하지만 언어는 다양하게 말할 수 있기 때문에 운동이나 악기연습같이 똑같은 것을 반복하는 훈련이 아닌 작곡 같은 훈련을 해야 합니다. 같은 패턴이나 문장의 암기가 아닌 자신의 말로 다양하게 만들어보는 반복 훈련을 하면 훨씬 더 큰 결과물을 빠르게 얻습니다. 그런 반복 훈련이 될 수 있도록 매 스텝을 준비했습니다.

각 스텝에 주어진 단어들이 너무 쉬워 보이나요? 쉬운 단어들을 드리는 이유는 구조를 정확히 볼 수 있게 하기 위해서입니다. 단어까지 어려우면 뒤에 숨겨진 구조를 보지 못합니다. 하지만 구조를 정확하게 이해하면 어려운 단어들로 이루어진 복잡한 문장도 쉽게 말할 수 있습니다.

이 모든 것을 쉽게 따라올 수 있도록 Map을 만들었습니다.

스텝 안에서 유념해야 할 부분

#이 붙은 문장은 설명을 보지 말고, 바로 영어로 만들라는 뜻입니다. 이렇게 계속 새로운 우리말을 영어로 직접 만들면서 익혀나갑니다. 설명만을 읽으면 지루하기도 하고, 또 문장만 만들면 암기를 하게 되는 식이라 응용법을 익힐 기회가 사라집니다. 설명을 보지 말고 함께 제공되는 가리개로 가리면서 직접 영어로 만드세요.

#이 붙은 문장들은 그 스텝에서 배우는 것만 나오지 않고, 그 전의 스텝에서 배운 것도 랜덤으로 섞이면서 접하지 않은 새로운 문장으로 나오기 때문에 퀴즈처럼 항상 머릿속으로 헤아리면서 진행해야 합니다. 재미있을 겁니다.

#이 붙은 문장을 보면 아래 설명 부분을 가리개로 가리고 공부하면 좋습니다. 정확히 구조를 모를 때는 공책에 먼저 써본 후 말하는 것을 추천합니다. 안다고 생각해도 정작 써보고 나서 가이드와 비교하면 틀리는 경우를 종종 봐왔기 때문입니다.

스텝 설명 예시

#A: 그녀는 나이가 듦에 따라, 자신감도 늘어났어.
> grow old / confidence [컨*피던스] / gain [게인] <
나이가 듦 = 자신감 늘어남. 그래서 as를 쓸 수 있죠.
→ As she grew older, she gained more confidence.

#B: 그래? 나는 나이가 듦에 따라, 몸무게가 늘었는데.
> weight / gain <
→ Yeah? As I grew older, I gained weight.

#A: 그것만이 아니지.
→ That's not all. / Not only that.이라고도 잘 쓴답니다.

#나이가 들면서 혈당량도 올라갔지.
> blood sugar level <
나이가 듦 = 혈당량도 올라감
→ As you grew older, your blood sugar level went up too.

가리개 설명

여러분은 스텝 안의 #이 붙은 모든 문장과 연습 문장을 직접 영어로 만들어나갑니다.
먼저 배운 것도 랜덤으로 섞여 나오므로 계속 이전의 것도 함께 기억하면서 새로운 것을
배웁니다.
여러분이 직접 골라서 사용할 줄 알아야 하기 때문에 잘 생각날 수 있게 가리개에 기록해두
었습니다.

이제 5형식이나 시제, 조동사 등을 굳이 배울 필요가 전혀 없습니다.

가리개에는 영어의 모든 구조가 이미지로 그려져 있습니다.
기둥에는 기둥의 기능을 보여주는 이미지도 그려져 있습니다.
배우지 않은 것들은 나오지 않으니, 항상 배운 것 안에서만 골라내면 됩니다.

연습장 설명

연습장에서 제공되는 기둥은 이미 배운 기둥뿐입니다. 위의 샘플을 보면 15번 기둥까지 배웠음을 알 수 있습니다.

문장을 만들 때는 기둥을 생각하면서 맞는 기둥을 골라 구조에 맞게 끼워 넣기만 하면 됩니다. 기둥으로 영어를 보면 우리말에 이미 힌트가 다 들어 있다는 것을 알게 됩니다. 생각할 필요 없이 단어만 끼워 맞추면 끝입니다. 영어의 모든 말은 기둥으로만 이루어져 있고, 모든 기둥은 한 가지 구조로만 움직이니 여러분은 레고처럼 그냥 단어만 끼우면 됩니다.

예문을 영어로 바꿀 때 필요한 영단어는 아래 예시처럼 회색으로 제공되며 우리말 순서대로 나열됩니다. 예를 들어, "안전벨트는 당신의 목숨을 구할 수도 있습니다." 아래에는 seatbelt / life / save로 단어가 나열됩니다.

우리말을 읽으면서 대체할 단어가 순서대로 제시되어 있습니다.
발음은 가이드라인일 뿐입니다. 접한 후 영어 발음으로 더 연습하세요.

스텝 설명 예시

#의사: 두 분 중 한 분은 가까이 계시는 편이
좋겠습니다, 동의가 필요할 것을 대비해서요.
close / stay / consent [컨센트]=동의서

One of you should stay close
.... in case we need your consent.

#내가 산에 위스키 한 병을 가지고 오마, 우리가 뱀에
물리는 경우를 대비해서.
mountain / whiskey / bottle / snake / bite

I'll bring a bottle of whiskey to the
.... mountain in case we get bitten by a snake.

연습장 설명

예문 오른쪽 하단의 가이드 역시 가리개로 가리고 영어 문장을 만들면 좋습니다. 연습장에서도 더 시간을 투자할 수 있으면, 공책에 적으면서 말하는 것을 추천합니다. 쓰면서 하는 공부는 다릅니다. 직접 써보면 안다고 생각했던 문장도 틀리기 쉽다는 것을 알게 될 것입니다. 적은 것을 확인한 후에 영어로 말하며 다시 만들어봅니다. 천천히 만들면서 우리말에 감정을 싣듯이 영어에도 감정을 실어 말합니다.

그 후 발음까지 좋게 하기를 원하면 **www.paviaenglish.com**으로 가서 리스닝 파일을 들으면서 셰도잉 기법을 활용하면 됩니다. 셰도잉 기법은 문장이 끝날 때까지 기다리지 않고 상대가 말하는 대로 바로바로 따라 말하는 방법입니다. 그러면 발음은 금방 자연스럽게 좋아집니다.

하루에 한 스텝씩! 매 스텝을 하루 10분 이내로 1개씩만 해도 1년이면 다 끝납니다. 이미 해본 학생들 말로는 한 스텝씩이기 때문에 벅차지 않다고 합니다.

1년 뒤면 실제로 영어가 여러분의 것이 될 수 있습니다. 원서로 책을 읽고, 할리우드 영화를 영어 자막으로 보다가 자막 없이도 보고, 궁금한 내용을 구글에서 영어로 검색하는 등 실제 유학생들처럼 영어가 공부가 아닌 생활이 되기 시작할 것입니다.

영어를 어느 정도 익힌 학생들이나 빠르게 끝내야 하는 학생들을 위해 Map 안에 지름길이 세팅되어 있습니다.

다음 페이지에서 세 종류의 지름길을 소개합니다.

지름길: 필요에 따라 적절한 코스대로 익혀나가도 좋습니다.
302-303쪽에서 아이콘 요약서를 접하면 좀 더 빠르게 진행할 수 있습니다.

문법 지름길 코스
학교에서 배우는 문법을 이해 못하겠다. 말하기는커녕 독해도 어렵다. 서둘러 늘고 싶다.

고급 지름길 코스
기본 영어는 잘하고 어휘와 문법은 꽤 알지만 복잡한 문장들은 혼자서 만들 수가 없다.

여행 지름길 코스
영어를 하나도 모르지만 내 여행 스타일에 맞는 영어를 준비해서 갈 수 있으면 좋겠다.

문법 지름길

18

06-03	NOT	08-13	by 1탄	11-16	as		
06-07	through	08-16	that	11-17	과거 would	15-01	should
06-08	boring	08-17	think / believe so			15-02	once
06-11	to 다리 1탄	08-18	I said	12-01	(was) gonna	15-06	saw her dancing
06-13	because	08-23	did you use to	12-02	want him to go	15-09	in case of
06-14	future + go vs come			12-03	(am) gonna	15-11	부사
06-16	buy me this	09-01	there / YN Q	12-06	until	15-12	saw it dropped
06-17	about	09-02	front back	12-07	WH 열차		
06-19	WH 1	09-03	not / no	12-08	as soon as	16-01	have to / not
06-22	more money than	09-04	its	12-09	YN Q / WH Q	16-02	has to / not
06-24	to 다리 2탄	09-05	working mom	12-13	whose	16-05	YN Q + twist
		09-08	during	12-14	behind	16-07	something red
07-01	was were	09-09	after	12-16	planets 복습	16-10	in order to
07-02	동명사 ing	09-14	which	12-17	so…that…	16-11	except
07-03	mine ~ ours	09-16	either a or b				
07-04	more + er than	09-17	next, next to	13-01	could	17-01	must
07-06	not / was 잉	09-18	if 1탄	13-02	YN Q	17-02	now that…
07-07	before			13-06	help + WH Q	17-03	background
07-08	never	10-01	may + might	13-07	WH 열차 2탄	17-09	by 2탄: By 11
07-14	most + est	10-04	~self	13-08	while		
07-15	형용사	10-06	be able to	13-10	not / 과거	18-01	have + pp
07-16	too vs neither	10-11	easy for me + 복습	13-11	WH 열차 3탄	18-02	since
07-17	over	10-14	WH Q	13-14	WH 열차 4탄	18-03	should + have pp
07-19	some + any + no	10-15	let			18-05	pillars + have pp
07-20	ago (뒤)	10-20	according to	14-01	be + pp	18-07	is gone
07-21	it's easy to judge	10-21	what to do	14-03	NOT	18-11	by 3탄
07-22	good better worst			14-04	YN Q	18-12	been + 잉
		11-01	would	14-06	adopted dog	18-13	lately
08-01	did	11-02	If 2탄	14-07	look worn out		
08-02	for 2탄 (시간)	11-03	not + YN Q	14-11	be used to	19-01	had + pp
08-03	YN Q	11-06	[잉] not going	14-12	[잉] being tired	19-02	if 3탄
08-04	불규칙	11-08	예의 would you	14-13	by 연장	19-04	however
08-06	when	11-09	a piece of	14-16	(al)~, even though	19-05	had better
08-12	what kind / sorts	11-13	not to go	14-18	allow	19-08	what a life + since

고급 지름길

				12[17]	so···that···	17[02]	now that···
01[01]	명령	07[01]	was were			17[03]	background
01[03]	not	07[02]	동명사 ing	13[01]	could	17[07]	otherwise
		07[05]	practically	13[04]	what if	17[10]	happen to be
02[01]	주어 I you	07[21]	It's easy to judge	13[07]	WH 열차 2탄		
02[02]	can			13[11]	WH 열차 3탄	18[01]	have + pp
02[03]	not	08[01]	did	13[13]	even if	18[02]	since
02[06]	Y.N Q 1	08[16]	that	13[14]	WH 열차 4탄	18[03]	should + have pp
02[09]	Y.N Q 2					18[05]	pillars + have pp
02[13]	WH Q	09[01]	there / YN Q	14[01]	be + pp	18[07]	is gone
02[16]	WH 주어	09[03]	not / no	14[03]	not	18[12]	been + 잉
		09[07]	apparently	14[06]	adopted dog		
03[17]	WH 1	09[14]	which	14[07]	look worn out	19[01]	had + pp
03[19]	give me (to) him	09[18]	if 1탄	14[11]	be used to	19[02]	if 3탄
		09[20]	manage to	14[12]	[잉] being tired	19[08]	what a life + since
04[01]	do			14[16]	(al)~, even though		
04[03]	not	10[01]	may might	14[19]	be (supposed) to		
04[07]	am are	10[15]	let				
04[12]	therefore	10[16]	might as well	15[01]	should		
04[13]	고급단어조심	10[21]	what to do	15[02]	once		
04[14]	so			15[06]	saw her dancing		
04[22]	I do well I am well	11[01]	would	15[08]	as (if) though		
04[24]	make me go	11[02]	if 2탄	15[09]	in case of		
		11[06]	[잉] not going	15[12]	saw it dropped		
05[01]	does is	11[13]	not to go	15[13]	whether A or B		
05[03]	actually	11[16]	as				
05[04]	of	11[17]	과거 would	16[01]	have to / not		
05[22]	properly			16[03]	unless		
		12[01]	(was) gonna	16[04]	I asked if (whether)		
06[01]	be + 잉	12[02]	want him to go	16[05]	YN Q + twist		
06[11]	to 다리 1탄	12[03]	(am) gonna	16[07]	something red		
06[13]	because	12[07]	WH 열차	16[10]	in order to		
06[19]	WH 1	12[10]	was about to				
06[24]	to 다리 2탄	12[13]	whose	17[01]	must		

코드	내용	코드	내용	코드	내용	코드	내용
		04¹¹	have - 있다	07²¹	it's easy to judge	12⁰²	want him to go
01⁰¹	명령	04¹⁴	so			12⁰³	(am) gonna
01⁰²	my your	04¹⁶	with without	08⁰¹	did	12⁰⁶	until
01⁰³	not	04²³	or	08⁰²	for 2탄 (시간)	12⁰⁷	WH 열차
01⁰⁴	and			08⁰³	YN Q		
01⁰⁹	up down	05⁰¹	does is	08⁰⁴	불규칙	13⁰¹	could
01¹⁰	number + money	05⁰³	actually	08⁰⁵	not	13⁰²	YN Q
01¹¹	please	05⁰⁴	of	08⁰⁶	when	13⁰³	how / what about
		05⁰⁵	not	08¹¹	WH Q	13⁰⁷	WH 열차 2탄
02⁰¹	주어 I You	05¹⁰	no idea	08¹²	what kind / sorts		
02⁰²	can	05¹¹	thing(s) nothing	08¹³	by 1탄	14⁰¹	be + pp
02⁰³	not	05¹⁵	for 1탄	08¹⁶	that	14⁰⁶	adopted dog
02⁰⁴	over there (here)	05¹⁷	what noun	08¹⁸	I said		
02⁰⁶	YN Q 1	05¹⁹	WH 1	08²⁰	mean	15⁰¹	should
02⁰⁷	again + an the	05²¹	how + adj			15⁰⁷	YN Q / WH Q
02¹³	WH Q	05²³	under	09⁰¹	there / YN Q		
02¹⁴	this that	05²⁵	adverb ~ly	09⁰³	not / no	16⁰¹	have to / not
02¹⁵	Obj-it + just + try	05²⁶	like 1	09⁰⁵	working mom	16⁰²	has to / not
02¹⁷	then			09⁰⁸	during	16⁰⁵	YN Q + twist
		06⁰¹	be + 잉	09⁰⁹	after	16¹¹	except
03⁰¹	will	06⁰⁷	through	09¹⁰	WH Q		
03⁰⁴	in at on	06⁰⁸	boring	09¹⁴	which	17⁰¹	must
03¹⁰	YN Q + us them	06¹¹	to 다리 1탄	09¹⁷	next, next to	17⁰³	background
03¹¹	but	06¹²	WH Q	09¹⁸	if 1탄	17⁰⁴	not
03¹³	WH Q	06¹³	because				
03¹⁴	those + get vs be	06¹⁴	future + go vs come	10⁰¹	may might	18⁰¹	have + pp
03²¹	back	06¹⁵	a lot of	10¹⁵	let	18⁰²	since
		06¹⁷	about	10²¹	what to do	18⁰³	should + have pp
04⁰¹	do	06²⁴	to 다리 2탄			18⁰⁷	is gone
04⁰³	not			11⁰¹	would		
04⁰⁵	YN Q (do)	07⁰¹	was were	11⁰⁸	예의 would you		
04⁰⁷	am are	07⁰²	동명사 ing	11¹⁰	WH Q		
04⁰⁸	from	07⁰⁷	before				
04⁰⁹	am not + 명사	07¹⁹	some + any + no	12⁰¹	(was) gonna		

Index

04

DO / BE 기둥

05

DOES / BE 기둥

DO / BE 기둥

04

4 01

일반동사 현재시제

DO

"가장 일찍 배우면서도
제대로 안 배워서
가장 많이 틀리는 기둥!"
바로 **DO** 기둥입니다.
이번에 제대로 입에 붙게
다양한 스텝을 밟으며
연습할 거예요.

투명 망토

기둥

기둥

시간표

시간표

기둥

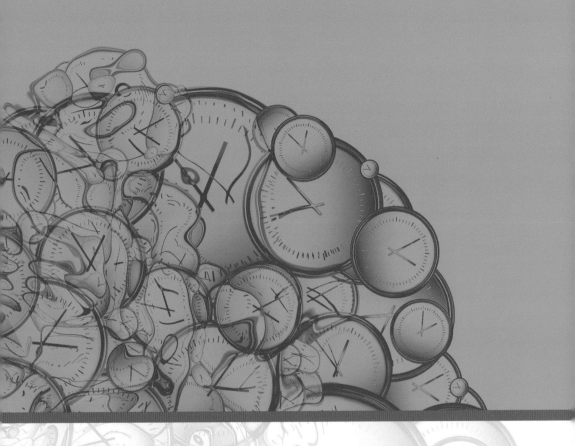

두비~ 이번 기둥에서 이 둘은 자신만의 개성을 드러내며 세포분열을 하듯 나뉩니다.

미래는 WILL 기둥이죠?
미래 말고 '보통 일상에 대해 말하고 싶을 때'는 어떻게 말할까요?
일상은 반복의 연속이죠.
매일 기상하고, 세수하고, 밥 먹고, 학교에 가고, 월요일마다 미팅 등등.

이런 식으로 뭔가를 반복해서! 지속적으로! **규칙적으로 하는 일들!**
이런 일들을 말하고 싶을 때 꺼내는 기둥이 바로 DO 기둥입니다.
기둥 그림 밑에 시간표 보이죠?

시간표처럼 무언가를 지속적으로 반복하는 일들,
전에도 했고, 지금도 하고, 특별한 일이 생기지 않는 이상 미래에도 계속할 일들.
다시 말해, 과거부터 현재, 미래까지 다 커버하는 기둥입니다. 예문 먼저 볼게요.

사람은 숨을 쉽니다.

이 문장은 타임라인을 다 덮죠?

사람은 태어나서부터 쭈욱~(과거)

지금도 포함(현재), 내일, 모레(미래)를 지나 죽기 전까지

계속 숨을 쉬잖아요. 타임라인이 쭉 이어지죠?

이런 말을 **DO** 기둥으로 쓰면 됩니다.

상황이 거창해 보인다면 소소한 것부터 살펴볼게요.

상황) 누군가 묻습니다.
"넌 나중에 어떤 집에서 살 거야?"
#"난 주택에서 살 거야."
이럴 땐 어떤 기둥을 써야 할까요? 미래 기둥
이죠.
→ I will live in a house.
쉽죠? 또 물어볼게요.

"그럼 지금은 어디 살아?"
"지금은 아파트에 살아."
보세요. 지금 살고 있는 거죠. 그런데 지금 이
순간만 사는 게 아니라, 오늘 아침에도 살았
고, 저번 주에도 살았죠.

이렇게 과거에도 살았고, 지금도 살고, 이사
가기 전까지는 미래에도 계속 살게 될 상황.

평생은 아니더라도, 여전히 과거, 현재, 미래,
다 커버하고 있잖아요? 이럴 때 DO 기둥을
쓰면 된다는 거예요.

그런데 영어를 잘한다는 사람들도 너무 대충
배운 바람에 이 기둥을 아무 말에다 가져다 쓰
는 경우를 수없이 보게 됩니다. 문법과 독해를
잘하면서도 정작 말할 때는 19개의 기둥이 있
는데도 이 한 개의 기둥으로만 때우려고 해요.

다시 말해 안다고 하는 것조차도 실제로는 모
르고 있다는 거죠. 그러니 이 기회에 제대로
익혀서 언제든 자동으로 말하게 할 겁니다.
코스 내내 이 기둥을 만들면서 갈 거예요.

그럼 본격적으로 들어가보죠.

DO 기둥. 두비와 헷갈리지 않게 일부러 대문
자로 했습니다. 이제 꼭 기억해야 할 것!
이건 **DO 기둥**이지, **두비의 do**가 아니
라는 것!

이름만 똑같을 뿐 하나는 DO 기둥이고, 하나
는 두비의 do 동사입니다! 두비가 동사라고
했죠? do 동사, be 동사.

그럼 왜 헷갈리게 중요한 말들을 같은 이름으
로 부르느냐고요?
맞아요~ 이건 영어가 이상한 거예요! 그냥 새
로 하나 만들면 되지, 재활용이 이상해졌어요.

학생 입장에서 피곤하긴 하지만 별것 없으니
적응만 하면 금방 쉬워질 거예요.

자! 기둥 모양은 다 같아요!

카멜레온, 기둥 그리고 나머지 그대로 내려오면 됩니다. 만들어볼까요?

명령 기둥부터 만들어 쌓아보세요.

#이거 매일 해!

→ Do this every day!

#나 이거 매일 할 수 있어!

→ (기둥만 앞에 붙여서) I can do this every day!

이제 **DO** 기둥으로 바꿔보죠.

#저 이거 매일 하거든요.

매일 반복해서 하는 거니까, 지속적인 **DO** 기둥인 거죠. 기둥만 바꿔치기하고, 나머지는 다 똑같습니다.

→ I can do this every day. 에서

→ **I do do this every day.**

I do do this every day?!

do do? 이상하게 보이죠? 그런데 틀린 게 아니고 실제 이런 말을 쓴답니다. 영어는 기둥 구조 위에 지어진 언어라서 같은 단어 2개가 나란히 나온다고 해서 틀린 것이 아니라고 했죠?

저도 영어를 잘 모를 때는 외국에서 저런 문장을 보고 인쇄가 잘못되었다고 생각했습니다.

시간이 지나니, 아는 만큼 보인다는 말이 맞더군요.

I do do this every day.

I can do this every day.

I will do this every day.

그럼 왜 하필 이번 기둥 이름이 **DO** 기둥일까요? 두비와 헷갈리게 말이죠.

생각해보세요. 반복, 지속적으로 뭔가를 **할 때** 사용하는 기둥이 이 **DO** 기둥이라고 했죠.

결국 두비 중 항상 do 쪽만 나오게 되잖아요.

아예 둘이 손잡고 나란히

우리는 계속 행동한다~ 또 행동한다~

do~~ do~~

이러고 있는 거죠.

문제는 나란히 위치하다 보니 원치 않게 자동으로 말이 강조가 돼요.
"저 매일 이거 합니다"가
"저 매일 하거든요!" 식이 되어버린다는 거죠.

영어가 지나치게 재활용을 애용하다 에러가 생긴 겁니다.
그래서 어쩔 수 없이 강조하지 않고 일반적인 느낌으로 말할 때는 그 톤
을 낮추기 위해 기둥에 투명 망토를 씌웁니다.
진짜예요!

기억하세요!
이 DO 기둥은 투명 망토를 쓰는 기둥입니다.
이렇게 씌워버리면 기둥이 더 이상 안 보여요. 하지만 안 보인다고 해서
없는 것은 절대 아닙니다. 투명 망토 쓰고 숨어 있는 거예요. 그럼 어떻
게 알 수 있을까요?

I   do

부정 만들 때 어떻게 하죠?
세 번째 자리에 NOT 집어넣죠. 이 기둥도 마찬가지예요. NOT이 들어가
야 할 때는 무조건 투명 망토를 벗고 나와야 합니다.

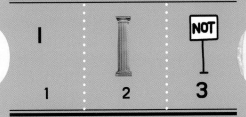

질문 ...를 때도 1번 2번 뒤집죠? 그때도 투명
망토를 벗고 기둥이 나와야죠. 안 그러면 엉뚱
하게 1번 3번을 뒤집게 되잖아요.
그래서 숨어 있는 것이지 기둥이 없는 것은 아
닙니다!

그럼 먼저 긍정문으로 같이 만들어볼게요.
투명 망토를 안 씌운다고 해서 틀린 것은 아니
지만 원치 않게 강조의 뜻이 되니 투명 망토를
씌우는 것으로 연습해보죠.

#전 매일 영어 공부해요.
일단 → I

매일 하는 걸 말하고 있으니까 DO
기둥. 투명 망토 씌워서 → ( )

do ✕ **be**
뭘 한다고요? 공부한다죠. → study

extra
뭘 공부해요? 영어 → English

extra
매일 한다네요. 그냥 계속 붙이면
돼요. → every day

→ I ( ) study English every day.

간단하죠? 투명 망토를 벗기면
→ I do study English every day.
이렇게 말해도 타임라인은 정확히 전달되니
투명 망토를 숨기는 것이 벅차면 지금은 꺼내
써도 됩니다.

연습

#저는 한국에서 삽니다.
Korea / live

.... I ( ) live in Korea.

#저희는 매일 책 읽어요.
every day / book / read

.... We ( ) read books every day.

#저는 매일 그분(남)을 만납니다.

.... I ( ) meet him every day.

#저희는 저희 기념일을 매년 챙겨요.
anniversary [아니'*벌써*리]=기념일 / celebrate [쎌러브*레이트]=기념하다

We ( ) celebrate
.... our anniversary every year.

#저분들은 매주 토요일에 자원봉사 하시거든요! (강조)
volunteer [*벌런'티어]

Those people do volunteer
.... every Saturday.

WILL 기둥은 미래 일을 말하고
DO 기둥은 매일이든, 주에 한 번이든,
3년에 한 번이든, 반복적으로 뭔가를 한다는
것을 말해준다는 것! 이제 알죠?
이제 #이 있는 말만 영어로 만들어보세요.

A: 넌 매일 뭐 하냐?

B: #운동해.

누가요? 내가 → I

지금 운동한다는 게 아니라, 매일 운동한다고 했죠. DO 기둥을 투명 망토 씌워서 → ( )

뭘 한다고요? 운동하다 → exercise [엑썰싸이즈]

→ I ( ) exercise.

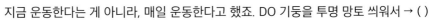

눈치챈 분이 있을 수 있는데 이번 기둥은 문장 만들기 전에 항상 "매일 넌 뭐 하냐?" 같은 식으로 '매일'이란 단어가 들어간 말이나 질문이 먼저 있었답니다.

그 이유를 우리말 대화에서 확인해보죠.

상황) 운동선수인 '나'. 지금 운동하는 중인데, 친구가 전화해서 묻습니다. 친구: 너 **지금** 뭐 해? **나: 운동해.** 지금 당장 뭐 하느냐고 묻자 운동한다고 대답합니다.	다른 상황) 카페에서 새로 사귄 친구가 묻습니다. 친구: 너는 **매일** 뭐 해? **나: 운동해.** 매일 반복해서 무엇을 하느냐고 묻는 말에 운동한다고 대답합니다.

33

잘 보세요.
위의 두 질문은 서로 타임라인이 달라요.
첫 번째 것은, '지금 당장' 뭐 하느냐는 거고,
두 번째 것은, '매일' 뭐 하느냐고 묻는 거죠.
그런데 대답이 둘 다 "운동해"니까 말이 완전히 똑같잖아요.

우리말이 이래요. 문제는 영어에서는 이 둘의 타임라인이 전혀 다르기 때문에 아예 기둥 자체를 다르게 써야 하거든요.

많은 분이 이 기둥을 아무 곳에나 막 잘못 써왔던 이유 중 하나가 바로 이것 때문입니다. 영어와 다르게 우리말에 이렇게 특이한 점이 있다는 것을 놓쳤던 거죠.

공부할 때 **DO** 기둥은 '~하다 ~한다' 식으로만 외우고, 당장 하고 있는 것을 말할 때는 '~하는 중이다'로만 외웠는데 정작 여러분의 머릿속에서 한국말은 그렇게 딱딱 정하고 말하지 않는다는 거예요.

타임라인을 염두에 두고 기둥을 익혀야 영어를 영어로만 바라보기 때문에 훨씬 더 쉬워집니다. 그러면 나중에는 영어를 우리말 번역으로 바꾸지 않아도 느낌으로 어울리는 기둥을 골라 그 틀에 맞게 단어만 끼워 넣게 됩니다.

그럼 지금까지 배운 기둥을 랜덤으로 섞어서 연습장을 해보죠.

한국말

#그분들 목요일에 오실 수 있대?
Thursday / come

.... Can they come on Thursday?

상황) 아침 식사 때 주로 뭘 먹는지 물어봤습니다.
#전 빵 먹어요.
bread / eat

.... I eat bread.

#속초에서 학교 다녀요.
Sokcho / school / go

.... I go to school in Sokcho.

#그분들 다음 여름에 못 오세요.
summer / come

.... They can't come next summer.

#저희는 은행에서 일합니다.
bank / work

.... We work at a bank.

#나는 저기서 일해야지.
work

.... I will work there.

#저 매일 6시에 일어난다니까요!
every day / get up

.... I do get up at 6 every day!

다른 영어책을 볼 때 유의할 부분!
이 그림 한번 보세요.

→ Look at this picture.

eat은 '먹다'죠.
대다수 영어책들이 I eat. 이 문장을 초반에 가르치면서 뜻을
"나는 밥을 먹는다"라고 알려줍니다.
그럼 우리는 이 그림과 거기에 쓰인
"I eat"와 "나는 밥을 먹는다"의 번역을 보면서
'지금 밥 먹고 있구나'라고 이해하게 되겠죠.
너무 당연한 것처럼 연결되잖아요.

땡땡땡!

I eat.
지금 밥 먹는 중이 아니라는 거 이제 알아야 합니다.
이 문장 무슨 기둥으로 만들어진 거예요?
기둥 보여요? 안 보이죠. 그러면 당연히 투명 망토를 쓴 **DO** 기둥입니다!
이런 짓 하는 거 DO 기둥밖에 없거든요!

그럼 이게 '지금 밥 먹고 있다'는 말인가요?
아니죠. **DO** 기둥 특징이 뭐예요? **'반복적으로 한다'**고 말하는 거죠.

그래서 "나는 먹는다" → I eat. 이 문장은,
'지금 먹고 있다'는 게 아니라
"저 보통 밥 먹고 다닙니다. 굶고 다니지 않습니다."
이런 말을 하고 있는 겁니다.

그래서 누군가 실수로 동물을 차로 친 다음에
"내가 죽였어"라는 말을 영어로 **DO** 기둥을
써서, **"I kill"** 이렇게 말하면,
듣는 사람은 **DO** 기둥을 사용했으니, "넌 매일 찾아다니면서 죽여? 전문 킬러냐?" 이렇게
이해한다는 겁니다.

또 누군가, "나 죽을 것 같아" 하면서 **DO** 기둥으로 **"I die"**라고 하면,
"넌 매일 죽어? 불사조냐, 반복해서 죽게?"
이런 메시지로 전달받는다는 거예요.

영화 속 장면이라면 상관없어요. 본인이 출연한 영화를 보는데 누군가 "저 뒤에 무슨 일이 일어나?"라고 묻는다면 **"나 죽어"** "I die"라고 답해도 아무 상관 없어요. 그 장면이 되면 보고 또 봐도, 계속 죽으니까요.
#나 저 장면에서 죽어.
　　　　　　　　→ I die in that scene.
#나 저기서 죽어.
　　　　　　　　→ I die there.

스토리는 말할 때마다 내용이 반복되니까
DO 기둥이 어울리는 거죠.

DO 기둥은 시간표! 반복 기둥! 매일이라고 생각하면 기억하기가 쉽습니다.
이제 다른 영어책을 볼 때도 그냥 보지 말고 어떤 기둥인지 스스로 확인하세요.

마지막 테스트!
#이 붙은 우리말에 무슨 기둥을 써야 하는지 골라보세요.

"배고프지?"
#"밥 먹어!"
　　　　　　　　→ 명령 기둥!

"매일 아침 8시에 뭐 해?"
#"밥 먹어."
　　　　　　　　→ DO 기둥!

이것도 우리말은 같죠? 이래서 ~하다, ~한다 식의 암기법 학습은 혼란을 주게 됩니다.
자! 명령할 때 사용하는 **명령** 기둥.
가능성을 말할 때 사용하는 **CAN** 기둥.
미래의 일을 말할 때 쓰는 **WILL** 기둥.
이 3개의 기둥을 탄탄히 하면서,
이번에 들어온 **DO** 기둥까지 계속 기둥들을 함께 엮으면서 갈 거니까 모두 익숙해질 거예요.
이번 기둥 스텝은 업그레이드 된 다른 스텝들도 일부러 많이 넣었습니다. 독특한 것을 배우는 동시에 이 기둥을 확실히 내 것으로 만들자고요!

4 02 ALWAYS

빈도부사

USUALLY

생선 자주 먹어? 항상? 가끔?
행동을 얼마나 반복하는지 빈도수를 말하는 말들.
이런 말도 이제 영어로 문장에 넣어 말해볼까요?

가장 빈도수 높은 항상! 언제나! 늘!
영어로 → always [올웨이즈]입니다.
이미 많이 들어본 문장이 떠오를 겁니다.

OFTEN

SOMETIMES

#I will always love you.
→ 나 / 미래 기둥 / 항상 / 사랑할 거야 / 너를.
"난 항상 널 사랑할 거야"라는 거죠.

"I will always love you"를 보면 always가 기둥 뒤에 들어가죠? 기둥을 좀 더 자세한 시간으로 설명하는 거여서 위치가 대부분 기둥 앞이나 뒤에 들어갑니다.

액세서리 같아요. 위치는 기둥을 중심으로 여기저기 다닐 수 있는데 기둥 바로 앞이나 바로 뒤가 가장 잘 쓰이니까 우선 그 위치로 익숙해질게요. 만들어보죠.

#넌 항상 한숨을 쉬어. 하지 마!
> sigh [싸이] <

너 → You
기둥은? 항상 한다죠. 반복이니 DO 기둥, 투명 망토 씌우고 → ( )

'항상'이란 말. 액세서리 달고.
→ always

뭘 해요? '한숨 쉬다'는 영어로
→ sigh. 스펠링 특이하죠?

→ You ( ) always sigh.

#하지 마!   → Don't do it!

넌 항상 한숨을 쉬어.
You / ( ) always / sigh.
기둥이 투명 망토를 써서 안 보이지만 어디 있는 줄 알겠죠?

또 만들어볼까요?
#난 항상 커피를 마셔!
커피 마시는데 항상 마셔, 입에 달고 산다는 뜻이죠.

누가요? 내가 → I
항상 마시는 거니 반복 기둥인 투명 DO 기둥으로 → ( )
액세서리 달면, 항상 → always

반복해서 뭐 한다고요? 마시다
→ drink

extra   뭘 마실까요? 커피 → coffee
→ I ( ) always drink coffee!

당장 문장 하나를 빨리 외우려 하지 말고, 먼저 천천히 만들어보세요. 그러다 보면 구조 전체가 내 것이 되거든요. 그래야 새로운 문장과 단어들이 나와도 금방 만들 수 있습니다. 조바심 갖지 말고 천천히!

A: 저녁에 항상 뭐 하세요?
#B: 전 항상 제 영어 연습을 해요.
> practice [프*락티스] <

누가요? 전, 제가 → I
저녁마다 한다니까 DO 기둥, 투명 망토 씌우고 → ( )
항상 → always

연습하다 → practice

extra   뭘 연습해요? 제 영어
→ my English

→ I ( ) always practice my English.

우리는 **"영어 공부해요"**라는 말은 잘 써도 **"영어 연습해요"**라는 말은 잘 안 쓰죠? 이래서 우리가 영어를 못할 수도 있어요!
이제 연습장에서 만들기 연습을 해보세요.

#우린 언제나 공부해.
study

.... We always study.

#난 항상 이겨.
win

.... I always win.

#넌 또 그만둘 거야! 항상 그만두잖아.
quit [쿠윗]

....You will quit again! You always quit.

이제 나머지 애들은 벽돌 바꿔치기만 하면 되니까
빨리 나갑니다! 설명 읽고 바로 만들어보세요.

상황) 누군가 묻습니다.
A: 커피 좋아하세요?
B: 전 보통 차 마셔요.
항상은 아니고, 빈도수가 더 낮아진 **보통**이네요.
우리말의 다양한 변형인 **보통, 평상시, 대개,**
영어로는 **usually** [유즐리]

방법은 always와 똑같아요.
→ I ( ) usually drink tea.

상황) 상대방은 매년 9월에 가족 여행을 간대요.
저희는 보통 5월에 여행하는데.
> May [메이] / travel [트*라*블] <

저희 → We

매년 5월에 가니까 반복이므로 DO 기둥. 대신 망토 씌워서 → ( )

액세서리! 보통 → usually

뭘 해요? 여행하다 → travel

extra 여행을 5월에 다닌대요. 5월은 영어로 → May

그냥 붙이면 5월을 여행한다는 뜻이 되니까 껌딱지가 필요하죠?
5월 안에 여행하는 거죠. '안' 껌딱지, 뭐가 있죠? → in May
→ We ( ) usually travel in May.

저랑 제 남자 친구는 대개 12월에 스키 타요, 2월 말고.
> ski <

저랑 남자친구는 → My boyfriend and I

반복적으로 타는 거니까 → ( )

대개 → usually

스키를 타는 거죠. → ski

extra 12월을 그냥 붙이면 12월을 스키 탄다는 뜻이 되니 껌딱지 필요!
→ in December

extra '2월 말고'는 간단히 → **not in February**

→ My boyfriend and I usually ski in December, not in February.

My boyfriend and I에서 I는 뒤에 나오는 것이 좀 더 자연스럽게 들리고 예의 있어 보이기 때문에 영어에서는 그렇게 합니다.
Me and my boyfriend는 원어민들도 자주 틀리게 말하는 영문법이지만 익숙한 모어여서 큰 상관은 없어요.
그럼 연습장 잠깐 들어갑니다.

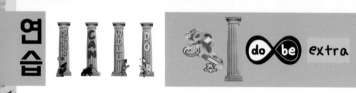

#난 보통 늦게 일어나.

wake up

.... I usually wake up late.

#보통 전 푸짐한 아침 식사를 먹습니다.

big breakfast [브렉*퍼스트] / eat

.... I usually eat big breakfast.

#저희는 보통 여성들을 고용하지만 전 선생님
(앞에 있는 상대방)을 고용하겠습니다.

woman / hire [하이어]

.... We usually hire women, but I will hire you.

#우린 보통 11시에 자러 가.

go to bed=자러 가다

.... We usually go to bed at 11.

다음 들어갑니다!
"자주 있는 일이에요." 할 때 '자주'는 often
영국 발음은 [오*프튼]
미국 발음은 [오*픈], 중앙의 t를 뭉갠 거죠.
편한 대로 말하시면 됩니다.

미국에는 Anglophile [앙글로*파일]이라고 해서
영국 발음, 영국 문화를 좋아하는 '영국 예찬자'를 뜻하는 명칭도 있습니다.

#나 자주 거기에 가.
→ I ( ) often go there.

'항상'도 했고, '대부분'도 했고, '자주'도 했고.
마지막으로 '가끔'을 볼까요.
sometimes [썸타임즈]
좀 길죠? 뒤에 [즈]까지 말해줘야 합니다.

난 항상도 아니고, 대부분도 아니고, 자주도
아니고,
#가끔~ 훔쳐.
→ I ( ) sometimes steal.
발음이 길다 보니 자주 기둥 맨 뒤로 붙어요.
언어니까 사람이 말하기 편한 대로 선호도가
바뀌는 거죠. 위치 상관없이 뜻은 같으니, 신
경 쓰지 마세요.

#저희는 가끔 외식해요.
> dine out [다인 아웃]은 좋은 곳에서 외식하
는 겁니다. <
→ We ( ) sometimes dine out.
→ We ( ) dine out sometimes.

> 그냥 eat out 해도 됩니다. <
→ We sometimes eat out.

방식은 다 같아요. 이제 생활에서 연기하듯 연
습할 때 4개를 섞으면서 연습하세요. 뇌가 빠
릿빠릿하게 따라와야 할 겁니다. 마지막으로,

너 반복해서 술 마시는데, 얼마나 자주 마시
는 거냐?
#항상이냐?   → always?
#보통 마시냐? → usually?
#자주냐?   → often?
#가끔씩이냐? → sometimes?

4.03

DO 기둥 부정!

NOT은 무조건 세 번째 자리!

빨리 말해보세요~

#이거 해!

→ Do this!

그런데 돌아오는 답이,
전 그거 안 하는데요.
당장 안 하는 게 아니라, 평상시에도 안 한다고 말하는 거죠.

세 번째 자리에 **NOT**이 들어가야 하기 때문에, 기둥은 더 이상 투명 망토를 쓸 수 없습니다. 두 번째 자리에 자신이 숨어 있었다는 것을 이제 드러내야 합니다. 바로 직접 만들어볼까요?

#전 그거 안 하는데요.

나, 전	→	I
기둥을 드러내서	→	do not
그리고 나머지는 그대로	→	do
that. '그거'라고 가리켰기 때문에 it이 아닌 that으로 말하는 겁니다.		

→ I do not do that.

앞의 do는 기둥 자리에 들어간 do이고, 뒤의 do는 두비 자리의 do입니다!

영어 문장에 비슷한 단어가 많아 헷갈린다면 무슨 기둥인지 확인하세요.
기둥 수는 많지 않기 때문에. 기둥으로 확인하면 쉬워집니다.

병법도 36계나 되는데 19개는 금방이죠.
벌써 여러분은 4번까지 오셨으니 언제든지 꺼내 쓸 수 있게 곧 금방 모두 내 것이 되어 있을 겁니다.

계속 만들어보세요.

상황) 몸에 안 좋은 음식에 대해 대화하는 중입니다.

#전 백설탕은 안 먹어요.

> white sugar [화이트] 아닌 [와이트] <

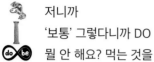

저니까 → I

'보통' 그렇다니까 DO 기둥. 그런데! 안 먹는다니까 부정까지 → do not

뭘 안 해요? 먹는 것을 → eat

extra   뭘 안 먹어요? 백설탕 → white sugar

→ I do not eat white sugar.

#나 이거 기억 안 나.

> remember <

그냥 기억이 안 나는 거죠. 기억이 안 난다는 것은 몇 분 전도 기억이 안 나고, 지금도 안 나고, 상황이 바뀌기 전까지는 계속 기억이 안 난다는 거죠. 그래서 타임라인이 긴 겁니다.

→ I do not remember this.

자, 당연히 이 기둥도 묶을 수 있어요.

I do not remember에서 묶으면

→ I don't remember!

I do not remember.
I don't remember!

명령 기둥 묶은 거랑 똑같이 생겼죠? 헷갈리지 않겠느냐고요? 다음 문장을 보죠.

상황) 담배를 안 피우던 남자 친구가 담배를 피웁니다.

#너 담배 안 피우잖아.

'너'는 원래 안 피우는 사람인 거네요. 지금까지 반복적으로 smoke 하지 않는 거였죠.

→ You don't smoke.

냄새가 싫어서 말합니다.

#내 방에서 피우지 말아줘.

→ Don't smoke in my room, please.

명령 기둥이죠. please 붙여서 예의 차려줬죠?

#나가서 피워.

→ Smoke outside.

please는 한번 말했으니, 또 반복할 필요는 없어요.

You don't smoke. VS. Don't smoke.

둘 다 Don't라고 헷갈리지 않았죠?

언어라는 것은 상황 속에서 생겨나는 것. 여러분의 상식이 알아서 할 겁니다.

#여러분의 상식을 사용하세요!

> '상식' → common sense [커먼 센스] <

common은 '흔한'이란 뜻이 있고 sense는 '감각'을 말합니다. 흔한 감각 = 상식

#상식적으로 생각하세요!

영어는 상식을 사용하라고 표현합니다. 상식이 뻔히 있으니, 사용해서 생각하라는 거죠.

→ Use your common sense!

#전 고기를 안 먹습니다.
meat [밋] / eat

.... I do not eat meat.

#한국 학생들은 토요일에 학교 안 가요.
Korean student / Saturday / school / go

Korean students don't go
.... to school on Saturdays.

#저희는 이 전쟁을 지지하지 않습니다.
war / support [써'포~트]

.... We do not support this war.

#A: 너 항상 나한테 거짓말하잖아.
Hint: 기둥을 숨겼을 때는 always를 기둥 뒤로 넣어보세요.
lie

.... You always lie to me.

#B: 너한테 항상 거짓말하진 않아.

.... I don't always lie to you.

몰라. I don't know.
들어봤죠? DO 기둥인 거 이제 보이세요?

우리말은 '안다'와 '모른다'로 단어가 나뉘지만
영어는 know 하나로 '알다'와 '알지 않다'를 구
분해서 쓴답니다.

"저기는 모르는 세계야"가 아닌,
"저기는 알지 않은 세계야"라고 한다면,
결국 알아가면 된다는 생각도 생기겠죠!

#탐험해!
→ Explore[익스플로어]!
그러면 explorer 뒤에 꼬리 er을 붙인 것은?
탐험가! → explorer [익스플로*러]
컴퓨터에 '인터넷' 항목을 보면 'e'라고 쓰여 있죠.
이게 **인터넷 익스플로러**
Internet Explorer입니다.
인터넷이라는 세상을 탐험하는 거죠.

#저희 알아요!

→ We ( ) know!

한번 알면 계속 아는 거죠? 그래서 DO 기둥인데, 자동으로 강조되는 게 싫어서 투명 망토를 씌운 겁니다.

#저희 몰라요!

→ We do not know!

#저희 알지 않아요!

→ We do not know!

이제 저 문장들이 왜 저렇게 생겼는지 알겠죠?

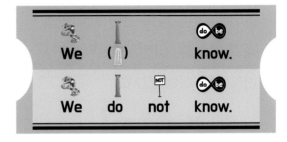

상황) 누가 자꾸 말썽을 피웁니다.
#좀 생각을 하고 행동해!

> think / act <
생각하다, 뇌가 하는 거죠. 명령 기둥이니
연결끈이 있네요.

→ Think

→ and then act

→ Think and then act!
Think, then act! 이렇게 말해도 됩니다.

#넌 생각을 안 해.

→ You don't think!

평상시에 생각을 하지 않는다는 거죠?

상관없어! → I don't care!

통째로 외우세요! care라는 단어는 '스킨케어, 네일케어' 같은 표현으로도 자주 보이는데 돌보고 보살핀다는 뜻입니다. 그래서 스킨케어는 피부를 보살피고, 네일케어는 손톱을 가꾸는 것을 뜻해요.
nail [네일] = 손톱

'피부 관리'라는 말도 잘 쓰는데 '관리'는 manage라는 느낌이 강하고, care는 마음이 담긴 느낌입니다.
'보살피다'와 '관리하다', 느낌이 다르죠? 마찬가지로 care와 manage도 느낌이 다릅니다.

자! 우리의 DO 기둥! 보통은 투명 망토를 씌우고 부정에서는 벗기고!
이 기둥 바쁘죠? 그래서 4번 기둥의 스텝들이 다양한 겁니다.
진도를 나가다 보면 새로운 것을 배우면서 기둥은 자연스럽게 입에 붙게 될 겁니다. 그럼 일반적으로 하지 않는 것들을 떠올리면서 DO 기둥을 연습해보세요!

4⁰⁴

명사

언어의 다른 점을 보면 재미있을 때가 있어요. 이번 스텝은 쉬면서 기둥 연습하며 갑시다.

VS. 자주 나왔었죠?
1 대 3에서 '대'를 versus [*벌서스]라고 읽습니다.

Go **home!** VS.

Go to your **house!**

집에 가!
→ Go home! VS. Go to your house!
둘 다 집인데 어떤 차이가 있을까요?

'내 집. 나의 집' 하면 어떤 이미지가 떠오르세요?

집 밖의 외관인 아파트나 주택 건물 자체가 떠오르나요, 아니면 내 물건이 있고 먹고 잠을 자며 쉴 수 있는 나의 공간, 나의 집이 떠오르나요?
이 둘은 같은 '집'이라도 확실히 느낌이 다르죠?

영어는 저 2개를 구분해서 쓸 뿐입니다.
영어는 분류하고 나누고 카테고리 두는 것을 참 좋아해요.

your house라고 말할 때는 듣는 상대가 사는 집이 주택인 겁니다. 만약 상대방이 yacht [요트]에서 산다면 your house가 아닌 your yacht라고 해야 맞습니다.

#나 오늘 밤에 너희 집(주택)에서 자도 돼?
> tonight <
→ Can I sleep at your house tonight?
포인트 at 껌딱지 썼죠?

#나 오늘 밤에 너희 요트에서 자도 돼?
> yacht [옅트] <
→ Can I sleep at your yacht tonight?

서양에서는 요트에서 사는 사람도 있고, 영국은 요트 말고 river boat에서 사는 사람들도 있어요. 강가에 긴 보트를 두고 강을 따라다니면서 사는 겁니다. 보트가 그 사람들의 home인 거죠, house는 아니고~

Home~
요트건, 푸른 초원 위에 그림 같은 집이건, 고층 건물이건 그곳이 잠을 자고 쉬는 공간, 누군가의 집이면 영어로는 home [홈]인 겁니다. 상자로 만든 집이라도 home인 거죠.
이래서 단어에 애틋한 감정이 섞일 때가 있습니다.

#집이 그립다.
> miss [미스] <
'그립다. 좋아하다'는 like처럼 두비에서 do 쪽으로 들어갑니다. 좋아하는 것처럼 그리운 것도 DO 기둥으로 잘 씁니다. 보기 전까진 시간상 계속 그리운 거죠.
→ I ( ) miss home.

이 말에서 전달되는 이미지는 건축 형식이 그립다는 것이 아니라 포근한 느낌의 공간만이 전달됩니다.
"I miss house"라고 하면, '아파트에서 사는 게 지겹나? 정원을 갖고 싶나?' 같은 메시지로 전달된답니다.

상황) 피곤해하는 동료에게 말합니다.
#야~ 집에 가라!
'네 집이 어디건 간에, 네가 부르는 home이란 곳으로 가!'란 뜻이죠.
→ Hey~ Go home!

home은 그런 느낌이 있어서 굳이 방향 껌딱지 to가 붙지 않습니다. 특별 대접을 받는 거죠. 집이 전 세계에 여러 채가 있다 해도 "home에 갈게" 할 때는 내가 쉴 내 집에 간다는 거죠. 몸이 2개가 아닌 이상 home은 항상 정해진 방향이어서 어디를 말하는지 아니까 to를 붙이지 않는 겁니다.

이렇게 home만 특정 취급!
자, house, apartment 등 나머지는 다 건축 공간을 칭하는 것이어서 방향 껌딱지 to를 붙입니다.

상황) 애완견이 말썽을 부려 벌을 줍니다.
#집에 들어가!
주인이 전부인 애완견에게 home은 주인과 있는 공간이겠죠. house는 개에게 주어진 개집. 잠을 자는 건물 형식일 테고요. 그래서
→ Go to your house!

실전에서는 틀리게 말해도 알아들으니 걱정 말고 이제 기둥을 섞어 연습해보세요.

연습

#전 집에 6시에 들어와요.
come

.... I come home at 6.

#내가 집까지 데려다줄게.
Hint: 이미지로 그리면서 take를 써보세요.

                                                        I will take you home.
.... I will take you to your house.

#전 차멀미 안 해요.
Hint: 차멀미, carsick을 get 하지 않는 겁니다.

.... I don't get carsick.

#전 자주 향수병에 걸려요.
homesick

.... I ( ) often get homesick.

#고향이 그립다!
hometown [홈타운] / miss=그리워하다

.... I miss my hometown!

52

영화 〈ET〉에서
ET는 무슨 뜻일까요?

ET를 보통 주인공 이름이라고만 생각하지만,
ET는 의외로 어려운 단어랍니다.
직접 읽어보실래요?

Extra-terrestrial

[엑스트*라 트*레스트*리얼]

우리도 엑스트라라고 하죠.
중심이 있고, 그 밖의 것들을 extra.
terrestrial은 전문용어입니다. 이 단어를 이
해하기 위해 우리에게 좀 더 익숙한 단어를 먼
저 볼게요.
'**영역**'을 뜻하는 territory [테*러터*리].

E.T. (1982) [film]
Directed by S. Spielberg

우주의 스케일로 봤을 때
우리의 영역 = our territory는 지구를 말하
겠죠. 그래서 지구 생명체, 지생 식물 식으로
지구에 관련된 생명체를 말할 때 territory에
서 파생된 terrestrial이란 전문용어를 씁니다.

Extra-terrestrial.

중앙이 있고, 그 외의 생명체. 지구 이외의 생
명체를 말하는 거죠. 다시 말해 외계 생명체.
외계 생명체란 단어가 우리말로는 쉽게 들리
지만 '지생 식물'은요? 일반인이 쉽게 쓰는
단어가 아닌 전문용어죠.
이처럼 extra-terrestrial은 전문용어입니다.

같은 것을 말해도, 각 나라마다 어렵게 들리는
단어가 다를 수 있어요.

영화에서 ET가 하는 말이 있죠.

ET go home.

문법적으로 틀린 말이지만, 외계 생명체니 이
해를 하고, 'ET가 집에 가고 싶다'고 말하는
겁니다. 이처럼 home은 특별해서 내가 누군
가의 집에 간다고 말할 때 "너네 home에 갈
게"라는 말은 안 써요. house도 되고 그냥

your place [플레이스]라고 합니다!
만들어보고 정리하죠.

#난 매 주말에 개
(남자)네 집에 가요.
→ I ( ) go to his place
every weekend.

#우리 집에 와!
→ Come to my place!

53

4 05

일반동사 의문문

YN Q (do)

DO YOU ㅊ

영어로 질문하는 방법은 무조건 1번 2번 뒤집기!

#다시 한번 말하는데, 잊지 마세요!

→ Again, do not forget it!

그럼 바로 예문에서 질문으로 하나만 바꿔볼게요.

중요! 1번 2번을 뒤집으려면 투명 망토가 씌워져 있는

2번을 드러내야 합니다. 그래야 뒤집을 것이 생기겠죠.

상황) 평소 봉사 활동을 하는 저에게 친구가 묻습니다.

너 자원봉사 하니?

 평소에 반복적으로 하니까 DO 기둥 써서 → Do

 누가? 너죠. → you

 뭐 한다고요? '자원봉사를 하다'는 → volunteer [*벌런티어]

→ Do you volunteer?

 extra 연습

#A: Charles 알아?
Charles [촬스] / know

.... Do you know Charles?

#B: 어, 왜?

.... Yes, why?

#이 문장 이해돼?
sentence / understand

.... Do you understand this sentence?

#영어 공부하세요?
English / study

.... Do you study English?

#A: 흡연하세요?
smoke

.... Do you smoke?

#B: 아뇨. 안 합니다.

.... No, I don't smoke. / No, I don't.

#이 도시에 사세요?
city [씨티]

.... Do you live in this city?

#집에서 일하세요?

.... Do you work at home?

기둥 스텝은 이제 간단하죠? 계속 만들어보면서 느낌에 익숙해지세요!

55

4 06

LISTEN vs. HEAR

#눈감지 마!

→ Don't close your eyes!

#나 좀 봐!

→ Look at me!

#나 안 보여?

→ Can't you see me?

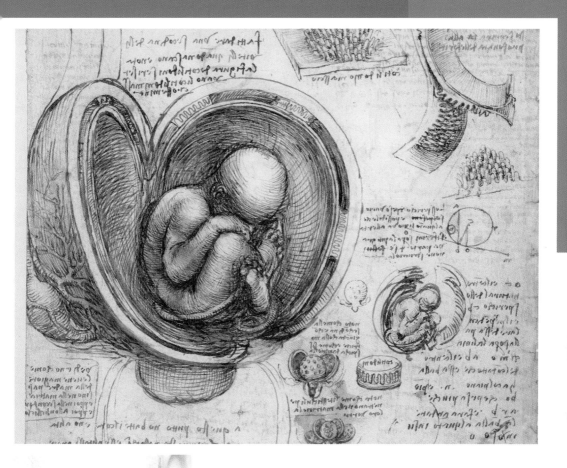

영어는 카테고리로 나누고 분류하는 것을 좋아한다고 했죠? 아무래도 세상을 이해하려는 그들의 방법 같아요.
신체 기능도 몸이 작동한다 해서 두비에서 do 쪽으로 나눴잖아요. '보다'라는 행동 하나도 눈의 기능으로 더 세세하게 분류했던 것 기억나시죠?

눈을 뜨면 그냥 보는 → see
움직이는 걸 따라가면서 보는 → watch
딱 집어서 그것만 집중해서 보는 → look

눈 했으니, 이번엔 귀로 가볼까요?
귀는 2가지로만 나뉘고 방식은 비슷해요.

눈의 see처럼 신체적으로 의지가 없어도 귀가 스스로 작동하기 때문에 가능한 '듣다'는 영어로 **hear** [히어]를 씁니다.
그래서 청각장애인들은 hear를 할 수가 없는 겁니다. '들리다'로 생각하면 쉬울 거예요.
'여기'인 here와 스펠링은 살짝 다르지만 발음은 같아요.

지금 여러분 주위에 다양한 소리가 들리시나요?
밖에 자동차 소리, 옆집 아기 소리, 덜컹거리는 소리. 툭 스스스스, 끼긱… 다 들리죠?
hear를 하고 있는 겁니다.
그럼 다음 문장을 만들어보세요.

#A: 이 소리 들려?
→ Do you hear this sound?
→ Can you hear this sound?
#B: 난 안 들리는데.
→ I can't hear it.
→ I don't hear it.

can't는 듣고 싶어도 안 되는 거고, don't는 그냥 안 들린다고 하는 것일 뿐 기둥 선택은 여러분이 하면 됩니다.
안 들릴 수도 있는 작은 소리를 말하며, "저거 들려?"라고 물을 때는 "Can you hear that?"이 더 잘 어울리긴 하겠죠.

자~ 그런데 듣는 것에는 하나가 더 있죠. 일부러 집중해서 들을 때요. 염탐 말고, 음악 들을 때, 통화 중 상대편 목소리를 들을 때, 라디오에서 뉴스를 들을 때. 다 일부러 집중해서 듣는 거죠?

이렇게 의지로 뭔가를 집중해서 들을 땐

listen [리슨] 한다고 합니다. 그래서 영어에서 리스닝 테스트라고 하는 거예요. 다양한 소리가 들리는 교실에서 테스트에서 나오는 말만 집중해서 듣고 있잖아요.

그래서 listen은 방향 껌딱지인 to가 잘 따라다닐 수밖에 없습니다. 아무것이나 듣는 게 아니라 집중해서 소리가 나는 곳을 향해 귀 기울여 들어야 하니까요. hear는 그럴 필요가 없으니 안 붙는 거고요. 상식적으로 움직이죠? 그럼 문장으로 만들어볼게요!

#내 심장 뛰는 걸 들어봐!
심장 박동은 영어로 heartbeat. 영어에서 heartbeat는 감성적 느낌이 나는 단어로 '이 비트를 들어'라고 하는 겁니다.
→ Listen to my heartbeat!

#들어! 들어보라고!
→ Listen! Listen to it!
방향이 필요할 때만 to를 붙여요.

상황) 통화하는데 잘 안 들리나 봐요.
#내 목소리 들려?
> voice [*보이스] <

누구한테 들리느냐고 묻는 거죠?
상대방 → You
들을 수 있느냐 묻는 거니까 CAN 기둥도 되고 귀가 계속 듣는 것이니 DO 기둥도 됩니다. 여기선 DO 기둥으로 해보죠. → do
듣다 → hear
extra 내 목소리 → my voice
1번 2번 뒤집어서
→ Do you hear my voice?

#난 쟤네 노래 매일 들어.

누가 들어요? 내가 → I

매일 듣는다니까 DO 기둥. 대신 투명 망토 씌우고 → ( )

뭘 해요? 듣죠. → listen

extra 방향 껌딱지 붙였죠? → to their song

→ I ( ) listen to their song every day.

연습장에서 귀의 기능을 떠올리며 말해본 후에 눈과 귀의 기능들을 생각하며 다양한 기둥으로 만들어보세요.

연습

#너희 부모님 말씀 들어!
parents

.... Listen to your parents!

#얘(남) 노래 들어봐. 마음에 들걸.
song / like

.... Listen to his song. You will like it.

#이 소리 너 들려? (들을 수 있어?)

.... Can you hear this sound?

#사람들이 내 음악 들어?

.... Do people listen to my music?

#내 머릿속에서 목소리들이 들려.
head / voice [*보이스]

I can hear voices in my head. /

.... I hear voices in my head.

BE 동사 현재시제

모든 문장에 무조건 들어가야 하는 두비! 기둥이 아니라 두비링이죠! 이번 스텝 들어오면서 계속 do 쪽만 했던 거 눈치채셨나요? 이제 do는 탄탄해졌으니 이번엔 *be* 로 갑니다. 복습부터!

#난 숙제할 거야.
→ I will do my homework.
#난 (보통) 숙제해.
무슨 기둥이죠? DO 기둥
→ I do do my homework.
앞에 나온 do는 기둥 DO.

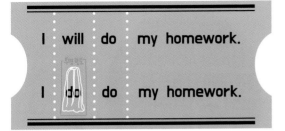

I will do my homework.

I do do my homework.

DO 기둥은 항상 반복한다는 시간성만을 말해
주고, 뒤에 나온 do는 두비의 do로서 '하다'라
는 단어였죠. 똑같이 보여도 전혀 다른 기능으
로 쓰였습니다.

보통 때는 기둥에 투명 망토를 씌워서
→ I ( ) do my homework.
이런 식으로 쓴다고 했습니다.

#난 행복해질 거야.
지금 이후인 미래에 행복한 상태가 될 거라고
하면, 미래 기둥을 써서
                              → I will be happy.
행동으로 하는 게 아니라 상태니 be 쪽으
로 갔죠?

그럼 과거인 1시간 전에도 행복, 지금도 행복,
그리고 큰 변화가 생기지 않는 이상 10시간 후
인 미래에도 행복할 나!
나 행복해.
이 문장은 어떻게 만들까요?
분해해보라고 일부러 많이 아는 문장을 정했
습니다.

타임라인이 DO 기둥만큼 긴데 그럼 비슷하게
움직일까요? 또 투명 망토를 씌우는 법석을
떨자고요? 그런 것은 DO 기둥으로 끝!

BE 기둥은 투명 망토를 안 씌우고 그냥 be 자
체를 바꿔 기둥으로 하기로 결정합니다.
그래서 be를 am [엠]으로 바꿔줍니다.
이것이 이번 기둥입니다. 이미 여러분이 많이
아는 바로 → I am [엠].

난 행복해.
기둥에 투명 망토를 씌우는 대신 그냥 be를
am으로 바꿔서
I am happy가 되는 거죠.

기둥들이 계속 다 이렇게 막 변하느냐고요?
아니요!!!
이 4번 트랙 기둥 모양이 제일 난리예요. 이번
것만 잘 따라오면 나머지 기둥들은 식은 죽 먹
기가 된답니다.

다른 것은 없고 기억만 하면 돼요. 결국

*I am happy*는
*I = happy*와 같은 거죠.

이 기둥으로 우리는 별의별 말을 만들어낼 수
있습니다. 나의 상태를 말하니 나의 존재에 대
해서도 말할 수 있게 되죠.
그래서 기둥 보면 이미지로 표시되어 있죠?
난 누구인가? 난 무엇인가?

다 이 기둥으로 움직입니다.
같이 만들어보죠.

#난 사람이야! 난 인간이야!

난 = 사람 → I am a person!
나 = 인간 → I am a human!

정말 간단하죠? 등호로 보면 쉬워요. 그리고 사람은 한 명씩 셀 수 있어 앞에 a를 붙인 겁니다.

#난 살아 있어.

> alive [얼'라이브] <

나 = 살아 있어.

'살아 있다'와 '살다', live는 달라요.
'살다'는 두비에서 행동하는 do 쪽이라고 했죠. 의지로, 행동으로 사는 겁니다. 원하면 바로 떨어져 죽을 수 있죠. 하지만 '살아 있다'는 내가 일부러 하는 게 아닌 그냥 내 상태를 말해요.

난 살아 있어! → I am alive!

#난 (허구가 아닌) 진짜야!

> real [*리얼]=진짜의 <

나 = 진짜야.

→ I am real!

그래서 "정말로? 진짜로?" 하고 물을 때는 "really? [*리얼*리]"라고 해요.

BE 기둥도 당장만이 아닌 좀 긴 타임라인 안에서 나의 상태를 말해주죠.

영어는 '나'를 하도 특별히 여겨서 '나'라고 할 때만 대문자 I를 씁니다. 기둥 모양과 똑같이 생겼죠? 읽을 때는 모르다가, 글로 쓸 때 잘못 쓰는 학생들이 있는데 I가 나오는 모든 단어가 다 대문자는 아니고 '나'일 때만 대문자 I를 씁니다.

#난 = 특별해.

I = special [스페셜]

→ I am special.

'나'일 때는 I am인데,
그러면 상대방을 말할 때는? you는 어떻게 할까요?
나의 상태가 제일 특별하니 나는 am으로 정해두고
나머지는 다 아...알~~~are로 말해 차이를 줍니다!

똑같이 a로 시작하긴 하지만 나머지 사람들은 are로 변해요. 우리말로 바뀌는 뜻은 하나도 없으니 이제 기억만 하면 돼요.
기둥 이미지에 a로 표기하고 아래 등호(=)를 표시해두었으니 헷갈리면 기둥을 보세요.

I am happy를 you로 바꿀 때는
→ You are happy.
이렇게 am에서 are로 생김새만 변하고 뜻은 다 똑같아요.

이 기둥은 이미 영어 공부 초반에 접하는 거라 익숙하죠?
곧바로 연습장으로 먼저 넘어가보죠.

#내가 네 아버지다.
father

.... I am your father.

#아름다우시네요!
beautiful

.... You are beautiful.

#저희는 용감하고 강합니다.
brave / strong

.... We are brave and strong.

#나 떨려! (나 긴장돼!)
nervous [널*버스]

.... I am nervous!

#너는 내 운명이다.
destiny [데스티니]

.... You are my destiny.

#저 아이들이 우리의 희망이에요.
hope [호프]

.... Those children are our hope.

#그분들이 저희 이웃이세요.
neighbor [네이버]

.... They are our neighbors.

#A: 나는 필연적인 존재다.
inevitable [인'에*비터블]=필연적인

.... I am inevitable.

#B: 그리고 나는 아이언맨이다.

.... And I am Ironman.

63

DO 기둥과 BE 기둥.

이 둘은 타임라인이 깁니다. 당장만이 아니라 전에, 지금 그리고 상황이 바뀌기 전까지 계속되는, 뭔가 지속되는 느낌을 말할 때 사용합니다.

대신 BE 기둥은 상태인 만큼 시간의 폭이 짧은 경우가 있어요. 상태는 수시로 변할 수 있잖아요. '나 한국인이야', '난 여자야'는 긴 시간 지속되는 상태이지만 예를 들어 배고픈 상태는 뭘 먹기 전까지만 지속되겠죠. 그러니 이 기둥은 현재 BE 기둥이라 기억하면 더 쉬울 겁니다. 기둥 그림에 있는 A로 am 과 are를 떠올리고, BE 그림도 참고하세요.

레벨을 올려서 지금까지 배운 껌딱지들과 섞어서 BE 기둥을 만들어보고 정리할게요.

상황) 방에 들어갔더니, 일어나 있네요.
일어나 있네!
영어에서는 이 말을 간단하게 표현해요. 너의 현재 상태가 일어난 상태! 껌딱지로 간단하게 말해보세요. 무슨 껌딱지죠?
→ You are up!
끝! You = up!
껌딱지의 위력이에요! 또 해보죠.

상황) 친구가 온다고 했는데 아직이에요. 전화로 어디냐고 물었더니 이렇게 답합니다.

#I am on my way.
무슨 뜻일까요?
I / am / on my way.
나 = on my way
on이니까 어디 위에 있다는 건데, my way는 내 길. 합치면
→ 나 내 길 위에 있어?!

내가 어디를 갈 때는 미리 정해놓은 나만의 길이 있겠죠. 그 길에 내가 이미 서 있는 겁니다. on이니까 닿아 있는 거잖아요. 다시 말해
"나 지금 가는 중이야"라는 뜻입니다.

껌딱지를 이용해서 굉장히 심플하게 말할 수 있는 거죠. 엑스트라를 하나 더 붙여볼게요.

#너희 집으로 가는 길이야.

I am on my way~ 하고 무슨 껌딱지가 좋을까요? 영어는 엑스트라 자리에 껌딱지로 말을 계속 이어 붙일 수 있는 구조입니다.

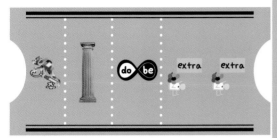

너희 집이니까 방향 껌딱지! → to your house
→ I am on my way to your house.

상황) 달리기 시합.
#Come on! Come on!
빨리~~ 빨리~~
#You are in!
넌 들어왔고!
#You are safe!
넌 안전해! = 통과야!!

아쉽게 놓친 학생에게는
#I am sorry.
미안해? 달리기를 못했는데 왜 내가 미안?

sorry 자체의 뜻은 '마음이 안 좋다'라고 표현하는 겁니다. 그래서 '미안해'라는 말에 쓰이는 거죠. 널 그렇게 해서 내가 마음이 안 좋다. = 미안해.
시합에서 아쉽게 떨어진 사람에게 말할 때는 '에구, 안됐네'라는 말이 더 어울리겠죠?

너무 늦어 탈락한 학생에게는

#You are out!
넌 못 들어왔네. 아웃이네.
껌딱지로 참 잘 표현하죠?

야구 경기에서 무사히 1루를 밟으면 심판이 "세이프!" 하고 외치죠. 바로 You are safe! 다시 말해 "You are in!"이라는 거죠. 그리고 심판이 아웃! 하는 것도 전체 문장은 "You are out!"인 겁니다.

글로 쓰는 영어와 말하기 영어는 차이가 큽니다. 글로 쓰는 영어는 문예체를 말하는 거예요. 말하는 영어가 늘고 난 다음 문예체 레벨을 올리는 것은 쉽습니다. 하지만 문예체만 접하면 실제 영어로 어떻게 말하는지를 알기 힘들죠.

중·고등학생들에게 실제 잘 쓰는 영어를 드라마 같은 것으로 보여주면, 당황합니다.
"정말 이렇게 말해요? 영어가 왜 이렇게 말해요?" 묻느라고 바쁘죠.
교과서나 독해 때 접한 문예체 영어를 영어의 전부라고 생각했기 때문이에요.
껌딱지 역시 말하는 영어에서 정말 많이 사용합니다. 암기가 아닌 자체의 느낌에 익숙해지면 스스로 응용하게 될 겁니다.

자, BE 기둥도 당연히 묶입니다.
#난 잘 있어. 잘 지내.
→ I am fine.
많이들 아는 문장. 묶으면
→ I'm [아임] fine.

#You are weird [위어드].
단어 weird는 사전에 '기묘한, 기이한'이라고 나오지만 이런
말들이 일상 한국어는 아니잖아요. 영어에서 weird는 '이상
하다'라는 뜻으로 일상에서 자주 사용하는 단어입니다.

용왕님이 토끼한테 간을 내놓으라고 했죠?
그럼 토끼가, "제 간을 먹겠다고요? 용왕님 이상하시네."
이때 영어로 → You are weird. 할 수 있는 겁니다.
이 기둥도 자연스럽게 줄일 수 있습니다.
→ You're [유어] weird.
묶기 싫으면 편하게 풀어 말하세요.

#너 이상해.
"You're strange"도 되지 않느냐고요?
됩니다. strange도 자주 쓰는 일반 단어예요. weird보다는
그 이상함이 약하지만 메시지 전달은 되죠!
우리말에도 같은 뜻으로 다양한 단어가 있는 것처럼 영어도
한 가지 뜻에 비슷한 종류가 많은 게 있어요. strange만 아셨
던 분들이 지금 weird 하나를 더 접하신 거죠. 모르셨던 분들
은 2개를 접한 거고요. 이렇게 늘려가는 겁니다. 단어에 조
바심 느끼지 마세요. 그럼 이번 스텝에서 배운 것을 반복하며
속도 올려보세요.

4.08

전치사

FROM

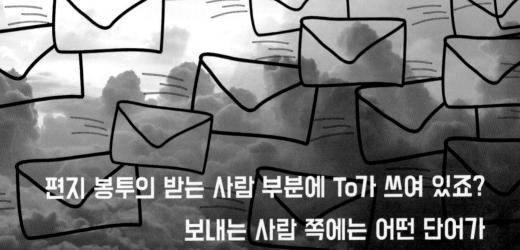

편지 봉투의 받는 사람 부분에 To가 쓰여 있죠?
보내는 사람 쪽에는 어떤 단어가
쓰여 있는지 아세요?
바로 FROM .
이 편지가 어디서 왔는지를 보여주는 껍딱지.
to와 반대되는 from입니다.

to는 어디론가 가는 방향을 가리킬 때 사용하고, from은 그 방향이 어디서부터 온 건지 온 방향을 말할 때 사용하면 되겠죠.
이미 많이 아는 문장을 볼까요.

I am from Korea.

나 = from Korea
내가 한국에서부터 온 존재인 겁니다.

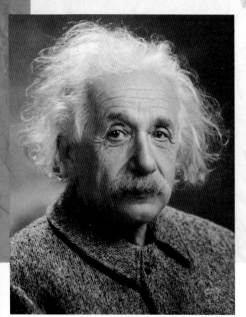

from

굳이 '오다'의 come을 안 쓰고 껌딱지 하나 붙여 간단히 메시지를 전달. 껌딱지의 위력이라 했죠?
외국에서는 출신을 소개할 때
"I am Korean"도 쓰지만
"I am from Korea"를 더 자주 사용한답니다.
우리는 단일민족이란 단어를 근래에도 흔하게 쓰지만 외국은 다양한 민족이 섞여서 그런 것 같아요. 지리학적으로 유럽은 나라들이 워낙 많이 모여 있다 보니 쉽게 서로 이동, 이주했겠죠.

아인슈타인만 봐도 혈통은 이스라엘 유대인인데 출생은 독일, 10대 때 가족이 이탈리아로 이주, 아인슈타인만 홀로 독일에서 공부하다 16세에 스위스에 있는 학교를 가서 아내를 만나고 두 사람 사이에서 태어난 아들은 스위스 출생이 됩니다. 그럼 그 아들은 스위스 민족일까요? 그래서 어디 출신이라는 말이 더 어울립니다.

아인슈타인은 가족을 두고 스위스를 떠나 독일 베를린으로 돌아오지만 나치가 강력해지자 중년에 미국으로 망명합니다. 전쟁을 피해 많은 이가 이 루트를 밟아 움직였죠.
미국에서 아인슈타인은 찰리 채플린을 만나는데, 둘은 서로 불꽃이 튀며 친해진 것으로도 유명합니다. 찰리 채플린은 영화배우로 더 잘 알아볼 수 있죠?
찰리 채플린은 영국인이며 20대 때 미국으로 이민 간 사실 아셨나요?
둘 다 **평화주의자**들이었습니다. pacifist [파씨*피스트].

이런 이유로 인해 '내가 어느 국민이다'가 아닌, '난 어디 출신이다~ I am from~'이 영어에서는 더 자주 쓰입니다.

#저희는 한국에서 왔습니다.
> → We are from Korea.

#월요일부터 토요일까지 영어로 하면?
> → from Monday to Saturday

이렇게 from을 쓰면 이미지에서 출발점이 그려집니다. from A라고 하면 A부터라는 어디론가 출발하는 이미지가 그려지는 거죠.

#저희는 월요일부터 금요일까지 주문 받습니다.
> order / receive [*리씨~*브] <

저희는 → We

가게처럼 반복적인 스케줄은 DO 기둥 → ( )

 '받다'는 → receive

extra   주문은 → orders 한 개 이상이니 [즈]를 붙여요.

extra   월요일부터 → from Monday

extra   금요일까지 → to Friday

→ We ( ) receive orders from Monday to Friday.

#저 사람(남)은 정부에서 사퇴하지 않을 거야.
> government [가*번먼트] / resign [*리'*자인] <

저 사람, 남자면 → That man(he)

사퇴 안 할 거라니까 미래에 안 할 거라는 거죠? WILL 기둥 써서 will not을 합치면 → won't

뭘 안 해요? '사퇴하다'는 → resign

extra   사퇴를 어디서 안 한대요? 정부에서 안 한다고 하죠. 정부는 → government

지금 정부에 있는데 그곳에서부터 나오지 않겠다는 거니까 → from the government

→ That man won't resign from the government.

#저는 한국의 서울에서 온 교환 학생입니다.
Korea / exchange [익스'체인쥐] student

.... I'm an exchange student from Seoul, Korea.

#친척들이 내 집에 머무를 거야.
relative [*렐레티*브]=친척 / stay

My relatives will stay at my place. /
.... My relatives will stay in my place.

#친척들이 내일부터 금요일까지 내 집에 머무를 거야.
relative / tomorrow / Friday / stay

My relatives will stay at my place
.... from tomorrow to Friday.

#오늘 내 베프한테서 편지 받을 거야.
best friend / letter / get

.... I will get a letter from my bestfriend today.

#전 야구 선수입니다. 한국에서 왔습니다.

.... I am a baseball player. I am from Korea.

#전 매일 여기서부터 시청까지 달립니다.
city hall / run

.... I run from here to the City hall every day.

#전부 외워버려야지.
everything [에*브리*씽]=전부 / memorize [메모*라이*즈]

.... I will memorize everything.

#전부 읽을 거야. A부터 Z까지!

.... I will read everything from A to Z!

상황) 유난히 바쁜 날, 약속을 잡아야 합니다.
#나 바쁜데. 8시부터 시간 있을 거야.

.... I am busy. I'll have time from 8.

#전 지구에서 왔습니다.

→ I am from Earth.

자, 아폴로 17호에서 지구를 찍은 유명한 사진. 그 전까지는 지구가 어떻게 생겼는지 알 수 없었죠?
우주에 나가서 보니 파란 구슬처럼 생긴 지구. 그래서 지어진 이름.

파란 구슬 = The Blue Marble

그냥 아무 파란 구슬이 아니어서 the를 붙여준 겁니다.

보드게임 '부루마블' 아시죠? 땅따먹기 부동산 게임인데
그 이름인 '부루마블', 영어로 The blue Marble[더 블루 마블]이
지구를 말합니다. 하지만 영어로 이 게임은 다른 명칭이 더 유명하답니다.

Monopoly [모'노폴리]

대기업의 문어발 확장을 영어로는 monopolize [모'노폴라이*즈]
한다고 합니다. '독점하다'라는 뜻이에요.
monopoly [모'노폴리]의 do 동사인 거죠.

왜 이 부동산 게임 이름이 Monopoly인지 보이죠?
영국 왕실인의 인터뷰에 따르면 영국 왕족들은 이
게임을 하는 것이 허락되지 않는다고 합니다. 다들
너무 공격적으로 변해서라네요. 그럼 마지막!

#나한테서 훔치지 마!

> steal [스틸] <

→ Don't steal from me!

from 껍딱지는 쉽죠? 문장들 다시 반복하며 속도 올리면서 감에
익숙해지세요.

409

BE 동사 부정문 / 명사

바로 부정
들어갑니다.

방법 아시죠?

세 번째 자리!
BE 기둥은 특이하게 생겼지만 상관없이 여전히 세 번째!
기둥의 모든 스텝에서 끝까지 변하지 않아요.
쉬운 것부터 문장으로 빨리 말해볼게요.

#난 행복하지 않아.
I am 하고 세 번째 자리에 not
I am not~ 한 후 나머지 happy는 그대로
→ I am not happy.

#넌 행복하지 않아.
방법은 위와 똑같습니다.
→ You are not happy.

#A: 나 좀 데리러 와줄 수 있어?
> come / pick up <
무슨 기둥이죠? 해줄 수 있느냐는 것이니 CAN 기둥 → Can you
'데리러 오다', 영어로는 이 말을 풀어 써요. → come and pick me up
와서 날 pick up 하는 거여서 연결끈 and로 묶으면 되는 겁니다.
→ Can you come and pick me up?

#B: 나 밖 아니야.
어떤 기둥이죠? 행동이 아니라 지금 내가 밖이 아니라는 거죠.
BE 기둥 써서 → I am
부정은 세 번째 자리에 붙이고 → not
밖은 → outside
→ I am not outside.

NOT은 쉬우니 연습장에서 shifting 들어갑니다. DO 기둥일지, BE 기둥
일지 스스로 선택하세요.

#바쁘지 않아.
busy

.... I am not busy.

#우린 완벽하지 않습니다.
perfect [펄*펙트]=완벽한

.... We are not perfect.

#전 거기 안 살아요. 전 이 기숙사에 사는데요.
dorm [도*옴]=기숙사

.... I don't live there. I live in this dorm.

#저희 학생 아닙니다.

.... We are not students.

#난 7시에 출근해.
Hint: 출근하다. 영어는 풀어서 말해요. 일하러 간다.

.... I go to work at 7.

#A: 친구분들을 여기로 데리고 오실 수 없습니다.

.... You can't bring friends here.

#B: 쟤네들은 제 친구들이 아닌데요.

.... They are not my friends.

74

기둥을 묶으면 We are는 We're
not도 묶을 수 있습니다, We aren't [*안트]
이미 말했지만, 기둥 묶기는 말하기 편하라고
하는 것이지 뭔가 법칙이 있지는 않아요.

그럼 I am not~ 에서 am + not도 줄여질까요?
아직도 영어권에서 학자들이 맞다, 틀리다 토
론하는 이슈 중 하나입니다. 우리는 안전한 것
을 중심으로 배우면 되겠죠.

먼저! 안전빵은! 묶지 마세요.
일단 am not만큼은 발음상 안 줄여져요.

자, 문법 용어를 다 알 필요는 없지만 도움이
되는 것까지 배제할 필요는 없다고 했죠?
그럼 여러분이 많이 아는 것 하나만 더 보죠.

명사! 뭐죠?

많은 분이 "이름, 물건 이름요~"라고 답합니다.
'명함, 유명하다' 할 때의 '명'이 모두 명사의 '명'이에요.
그런데 사물의 이름만 해당될까요?
인간은 소통을 하기 위해 세상의 모~든 것에 죄다 명칭을 붙였습니다. 그게 다 명사예요.
'해가 지면 하늘이 어두워지네' 하면서 그것을 '밤'이라 이름 붙였고, 영어는 'night'라고 붙인 거죠.
차만 빠르게 다니는 길을 우리는 고속도로, 영국은 motorway 미국은 highway 독일은 Autobahn
이라고 하고요.

이런 것들 외에 아예 보이지 않는 것에도 이름을 붙여야 대화가 통하겠죠?
난 '우정'을 말하는데, 상대방이 '사랑'이라고 알아들으면 오해가 생기잖아요.
생각, 지식, 떳떳함, 거짓, 영혼 모두 볼 수 없는 것이지만 이런 것에도 명칭이 있어야지 대화할 때
오해가 생기지 않겠죠? 이게 다 명사인 겁니다.
명사 하면 사물 쪽만 생각하는데 그게 아니라 세상 모든 것의 명칭이 다 명사인 거예요.

이름은 영어로 name이라 해서 n으로 시작하듯이 명사도 영어로 noun [나운]이라 합니다.
그럼 실생활에서 얼마나 많은 명사를 영어로 아는지 스스로 찾아가며 확인해보세요.

4 10
감정동사
I love you

아무리 영어를 모른다 해도 이 말은 들어보셨죠?
"사랑해."

'사랑하다'는 행동일까요? 상태일까요?
'사랑하다' 하면 상태일 거라고 생각하기 쉬운데 두비에서 do 쪽입니다.
뇌가 하는 것. '알다, 생각하다, 희망하다, 원하다' 이런 것들도 다 뇌가 한다고 보고 두비에서
do 동사 쪽으로 가라고 했죠. 이런 것은 문장을 자주 접하면 자동으로 익숙해져요.

I love you.
무슨 기둥이죠?
영어를 읽을 때는 항상 기둥이 뭔지 확인해보
세요. 그러면 해석할 때 실수가 확 줄어듭니다.
문장 보면 BE 기둥 안 보이죠. 명령도 아닌데
숨는 기둥은 딱 하나! 바로 DO 기둥!
반복적인 기둥이죠.
그런데 왜 시간이 긴 DO 기둥이냐고요?

사랑하는 감정은 저번 주에도 사랑했고 지금
도 사랑하고 마음이 바뀌지 않는 이상 계속 사
랑할 거니까, DO 기둥을 쓰는 겁니다.

그럼 이번에는 당장 사랑에 빠져 있는 상태.
"난 사랑에 빠져 있어"를 영어로 바꿔보세요.
→ #I am in love.
내 상태가 사랑 속에 있는 겁니다.

> I am in love. 이건 또 BE 쪽이죠? 지금 자신의 상태를 보여주며
> 내 의지와 상관없이 너무 좋아서 빠져 있다는 겁니다.
>
> 보고 싶다.
> '보고 싶다'도 '좋아하다'처럼 두비에서 do 쪽입니다.
> → I miss you.
>
> 인간의 감정은 복잡해서 딱 두비 둘 중 하나로만 걸리지 않고
> 양쪽으로 표현이 가능할 수도 있답니다. 그럼 이번 연습장에서는
> 한국인이 봤을 때 do일 것 같은 헷갈리는 것들만 말해볼게요!

연습

#난 널 원해!
want

.... I want you!

#우린 시간이 필요해.
time / need

.... We need time.

#죄인들을 싫어하지 마세요. 죄를 싫어하세요.
sinner=죄인 / hate=싫어하다 / sin=죄

.... Don't hate the sinners. Hate the sin.

#난 생각 안 해. 그냥 하지.

.... I don't think. I just do.

#전 제 권리를 압니다.
rights [*롸이츠]=권리

.... I know my rights.

#우린 널 믿어.
trust [트*러스트]=믿다

....We trust you.

78

Have!

기본적으로 아는 단어죠?

#I have a family. 난 가족이 있다.

무슨 기둥이죠? DO 기둥이에요.

'버리다'가 행동인 것처럼 반대인 '가지다'도

영어는 두비에서 do 쪽으로 봅니다. 한번 가

지면 잃을 때까지 계속 갖고 있는 것이어서 DO 기둥으로 쓰죠.

난 가족이 있다.

보면 우리말은 '있다'라고만 해서 영어로 만들 때 have가 연결 안 되는

경우가 자주 있어요. '집이 있다, 가족이 있다, 동생이 있다'를

영어는 '집을 가지고 있다, 동생을 가지고 있다'처럼 다 have로 말해서

적응하면 편해져요. 바로 연습장으로 들어가서 만들어보죠.

#저 제주도에 작은 집 한 채가 있어요.
island [아일랜드]=섬 / small

....I ( ) have a small house in Jeju island.

#A: 아이들에게 형제가 필요할까?
kid=아이 / sibling [씨블링즈]=형제자매

.... Do kids need siblings?

#B: 몰라. 난 형이 있는데, 난 싫어.
brother / like=좋아하다

I don't know. I ( ) have a brother,
.... and I don't like it.

#외로워하지 마. 넌 혼자가 아니야. 내가 있잖아.
lonely [로널리]=외로운 / alone [얼론]=혼자

.... Don't be lonely. You are not alone. You have me.

#저희 내일은 8시에 아침 식사 할 거예요.
저희한테 맛있는 땅콩 잼이 있어요.
breakfast [브렉*퍼스트] / delicious [딜'리셔스]=맛있는 /
peanut butter [피넛버터]=땅콩 잼

We will have breakfast at 8 tomorrow.
.... We ( ) have delicious peanut butter.

반대로 우리말에서는 '가지라'고 표현하는데
영어는 be로 말하는 경우도 있어요.
#자신감을 가져라!
명령 스텝에서 나왔죠?
confidence [컨*피던스]는 자신감이에요.
자신감을 have, 가지라는 거죠?

> → Have confidence!

같은 말을 **Be confident!**라고도 씁니다.
자신감 있는 상태가 되어서, 자신감 있게 굴라
는 거죠!
그럼 마지막으로 만들어보고 정리할게요.

#너 이거 가져도 돼.

> → You can have this.

#내가 이거 가져도 돼?

> → Can I have this?

#상관없어?
(거슬려? Mind 해?)

> → Do you mind?

#I don't mind.

mind 하지 않겠다는 거죠. mind는 '정신'이란 뜻인데 do 동사 자리에 있으면, 정신에
거슬린, 다시 말해 신경 쓰인다는 뜻으로 쓰입니다. 그래서 I don't mind는 거슬리지 않
는다, 상관없다는 뜻입니다.
Do you mind? 영어에서 많이 쓰는 표현입니다. (네 정신에) 거슬리느냐고 묻는 겁니
다. 우리가 보통 생각하는 '마음'보다는 '정신'을 뜻해요.
'애틋한 마음'에서 마음은 영어로 heart [하트]입니다.

#아니. 가져가!

> → No, take it!

#가져도 돼!

> → You can have it!

이기적인 단어! have, get, take!
정말 많이 쓰이니 계속 친해지면 됩니다.

그럼 이 단어들만 가지고 연습을 더 해보세요. 빨리 내 것으로 만들고 싶으면
#연습하고, 연습하고 또 연습하세요!

> → Practice, practice and practice.

4 12
부사

'수학'은
영어로 뭘까요?
스펠링이 깁니다.

Therefore

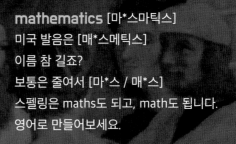

mathematics [마*스마틱스]
미국 발음은 [매*스메틱스]
이름 참 길죠?
보통은 줄여서 [마*스 / 매*스]
스펠링은 maths도 되고, math도 됩니다.
영어로 만들어보세요.

#수학을 배워라!
> learn <
　　　　　→ Learn maths!
#저 수학 레슨 있어요.
　　　　　→ I have a maths class.

한국인들도 남의 영문법 고쳐주기 좋아하는 사람들 있죠?
maths와 math는 다르다면서 설명을 늘어놓기도 합니다. maths는 mathematics에서 맨 뒤 s를 붙인 것으로 영국에서는 보통 maths라고 쓴답니다.

영어는 영국에서 생겨난 언어여서 영어라 말한다고 했죠? 영어를 쓰는 국가라면 의무적으로 공부를 해야 하는 영문학의 아버지가 있어요. 누굴까요? 셰익스피어입니다. 영국인이죠.
그의 작품은 줄거리보다도 그 내용을 언어로 어떻게 표현했는지가 더 중요합니다. 지금까지 사용되는 영어의 많은 구절을 셰익스피어 혼자 만들어냈거든요.

우리가 외국으로 유학을 가듯, 미국인이 가장 많이 유학하러 가는 나라가 영국입니다. 그리고 세계인이 영어라는 언어를 배우기 위해 가장 많이 가는 나라 역시 꾸준히 영국이 1위고요.
그러니 영어를 배우면서 영국 스펠링이 나오면 그것대로 편하게 친해지세요.

다시 maths로 돌아와서 수학기호에서 점 3개 모양 아시죠? ∴ 이 기호는 말로 하면 '그러므로'라는 뜻입니다. 학교에서 배우죠? 수학에서는 일일이 '그러므로'라고 하는 대신에 이 기호를 사용하죠.

X + 2 = 3
그러므로 X는 1입니다. 저 표시를 수학에서는

$$\therefore X = 1$$

저 3개의 점들을 영어로 therefore [*데얼*포] sign [사인]이라고 합니다.
therefore [*데어*포],
우리말로는 **그러므로.**
변형이 많은 우리말은 '고로, 그리하여, 그런 즉' 등이 있는데 좀 격식적이죠? 영어에서도 격식적인 말입니다.
이런 말들은 연결끈과 비슷한 경우가 많으니 그 부분만 봅시다.

나는 생각한다, 고로 나는 존재한다.
이 말 들어보셨죠? 데카르트의 유명한 말. 영어로 한번 바꿔보세요. 단어 드릴게요.
> 생각하다: think
   존재하다: exist [이그'*지스트] <
둘 다 두비에서 do 쪽입니다.

항상 생각하는 거니 DO 기둥.
→ I think, therefore I exist.
이렇게 말한 분?

exist는 현재 중 3 정도 되면 아는 단어입니다. '존재하다', 고급 단어처럼 느껴지죠? **무조건 어려운 단어와 고급 단어가 좋다는 생각을 버려야 합니다.** 지금 우리 한국은 레벨에 맞지 않는 불필요한 단어를 외우느라 시간과 에너지를 소비하고 있어요. 실제는 여러분이 우습게 생각한, 생각지도 못한 단어들에 사실 깊은 뜻이 있는 경우가 많답니다.

therefore sign

나는 생각한다.
고로 나는 존재한다. 영어로는,

→ I think, therefore I am.

I exist가 아니라 I am.
상상 못 한 분 많죠?

우리가 영어에서 너무 초반부터
"I am a boy. I am a girl"을 배워서인지
I am을 무시하는 경향이 있어요. 하지만 두비
에서 이 be 쪽! 심오한 단어에서 많이 쓰입니
다. 내 자체의 상태. 나의 존재란 뜻이죠.

데카르트의 말은 워낙 유명해서 패러디가 있
기 마련이죠. 구경해볼까요?

#I play, therefore I am.
→ 난 논다. 고로 나는 존재한다.

#I think, therefore iMac.
→ 나는 생각한다. 고로 나는 아이맥.
애플사가 만든 컴퓨터 이름이 아이맥, iMac이
죠. 말장난을 한 거예요. 실제 애플사의 광고
문구 중 하나였답니다.

이렇게 기둥으로 표현한 사람들도 있어요.
#I can, therefore I will.
→ 나는 할 수 있다, 그러므로 나는 할 것이다.

나는 존재한다. I am.
재미있죠?
그럼 다음 스텝에서는 우리가 고급 단어를 꼭
외워야 하는지에 대해 잠깐 쉴 겸 수다를 좀
떨어보죠.

4-13

'격식'은 영어로 formal [*포몰].

영어에서 therefore 같은 단어를 격식적인 단어라고 합니다..

격식 단어, formal words.

'고급 단어'의 '고급'은 '높은 등급'을 말하는 거죠.

formal words는 다른 말로 '문어체'라고도 합니다..

'문자' 할 때 그 '문',

'어'는 '언어' 할 때 그 '어',

'체'는 '글씨체' 할 때 그 '체'입니다.

다시 말해, 신문이나 논문에서처럼 글로 쓸 때 쓰는 단어들을 말하죠.

문어체와 상반되게 문자가 아닌 입으로 자연스레 하는 말들을 '구어체'라고 합니다.

'구'는 '입구' 할 때 '구'예요.

간단히 말해 초등학생이 잘 못 알아듣는 말들이 formal words입니다.

자, 고급 단어, 격식어의 특징은 뜻을 안다고 해서 아무 곳에나 쓸 수
있는 것이 아니라는 점! 단어 사용에 한계가 있답니다.

예를 들어 '비밀'이란 단어는 초등학생도 압니다.
어느 날 초등학생이 '기밀문서'라는 단어를 접해요.
'기밀: 외부에 드러내서는 안 될 중요한 비밀',
갑자기 높은 급의 단어를 접한 거죠.

어느 날 친구의 비밀을 듣게 됩니다. 이때가 기회다 싶어 말합니다.
"걱정 마. 네 기밀. 내가 네 기밀 지켜줄게."
자, 듣는 학생은 어려운 단어가 나왔다 싶을지 몰라도, 듣는 성인들은 말의 부자연스러
움을 느낄 겁니다.

비밀과 기밀.
기초 단어와 고급 단어의 차이입니다. 아무리 뜻이 비슷하다고 해도 막 사용할 수가 없죠?
기밀이란 단어는 사용할 수 있는 공간이 굉장히 한정되어 있습니다.
비밀의 정원은 이해가 가지만, 기밀의 정원. 어색하죠?

기밀문서, 기밀정보, 국가기밀 등은 한국어를 배우는 외국인이 굳이 초반부터 꼭 알아
야 되는 단어들은 아니죠?
'기밀'을 배웠다고 갑자기 '비밀'이란 단어가 유치해 보이나요?

**한국의 영어 공교육이 단어 암기에 치중되는 바람에 고급 단어가 어디에 사용
되는지도 모르면서 기초 단어와 섞여 마냥 노출되어 있습니다.**
여러분 한국말 잘하죠? 그렇다고 다 손석희 앵커처럼 할 수 있나요?
모국어도 그리 못하는데 외국어에서 그 레벨을 목표로 잡지 마세요.
먼저 기초 단어들로 기둥들을 마스터하기를 추천해요!

고급 단어 조심

"I think, therefore I am"의 I am처럼
쉬운 단어도 사용이 굉장히 빈번합니다.
기초 단어는 초등학생이나 배울 유치한 단어가 아니라
외국어를 하려면 '무조건' 자유자재로 사용할 줄 알아야
하는 단어들입니다.

절대로 영어 단어와 한국어 뜻만 달랑 연결해서 외우지 마세요.
보통 단어장을 다들 그렇게 외우는데요. 저조차도 그러면 단어를 제대로 사용 못 합니다. 영어는 단어 레벨이 조금만 높아져도 사용할 수 있는 곳이 우리보다 휠~씬 한정되어 있기 때문에, 문장 없이 외우면 어떻게 써먹는지를 모릅니다.
'기밀'의 뜻은 알아도, 그 단어를 어느 대화에 어떤 식으로 써야 하는지 모르는 것과 같은 거죠.

기초 단어들을 다양한 기둥으로 연습하면서 빨리 쉽게 말하는 법을 익히세요.
기초 단어가 얼마나 많은 말을 만들어낼 수 있는지 스스로 해보면 영어에 대한 전반적인 감이 잡힌답니다.

4 14
접속사

SO

연결끈처럼
사용할 수 있는 것이
3개였죠?

다음 문장을 영어로
만들어보세요.

89

#난 여자이고, 투표할 수 있다고!

> vote [*보우트] <

→ I am a woman and I can vote!

and 연결끈은 '그리고'처럼 같이 나란히 나열하고 싶을 때 연결하면 되죠?

#넌 네 가족이 있고 건강이 있잖아!

> health [헬*스] <

→ You have your family and your health.

#난 어린데도, 놀 수가 없어.

> young [영] / play [플레이] <

→ I am young, but I can't play.

'그러나'처럼 앞서 한 말에 상반되는 말을 할 때는 but을 꺼내 연결했고요.

#내 친구들이 근처에 살지만 난 걔네들을 못 봐.

> 근처는 near [니어] <

→ My friends live near, but I can't see them.

#3만 원 내세요, 그런 다음 5만 원.

→ Pay 30,000 won, and then 50,000 won.

then은 순서가 있는 느낌일 때 썼죠? 그래서 and then을 하면 순서가 있는데 서로 어울리게 나란히 있는 순서. but then은 반대 느낌이 나죠.

#우리가 이걸 할 수는 있지, 그런데 그러면 대표님이 마음에 안 들어 하실걸.

> boss / like <

→ We can do this, but then the boss won't like it.

다 떠올렸나요? 기억할 수만 있어도 괜찮습니다. 자꾸 반복될 거예요. 자, 다음!

therefore 배웠죠? '그러므로'라는 뜻인데요. 격식적이니 대체할 수 있는 쉬운 것으로 들어갑니다.

바로 **SO** [쏘]

같이 만들어보죠.

난 내일 추울 테니 밖에 안 나갈래.

1번: 추울 거니까

2번: 결론 내려서, 안 나가겠다고 하는 거죠.

기둥은 뭐죠? 둘 다 WILL 기둥 틀에 넣으면 되겠네요.

조심! '난~'으로 시작했다고 해서, 또 바로 I 먼저 들어가지 말고 기둥 구조대로!

내가 추울 거라고 말하는 게 아니라, 내일 날씨가 추울 거라고 말하는 겁니다.

날씨가 추울 거고, 그래서 내가 밖에 안 나간다는 거죠. 다음 문장 만들어보세요.

#내일 추울 거야.

뭐가 추울 거래요? 내일이 춥다니까 → Tomorrow

지금 추워요? 아니죠. 추울 거라니까 미래 기둥 → will

추운 건 상태죠. be 붙여서 → be cold

→ Tomorrow will be cold.

* 날씨 얘기는 뻔히 보이니까 카멜레온에 그냥 it을 많이 사용한다고 했습니다. (스텝 03[15] 참조)

→ It will be cold tomorrow.

원인은 추워서, 그래서 **결론**은 뭐죠?

난 밖에 안 나간다.

지금까지 배운 연결끈처럼 그냥 연결해주세요.

결론 연결끈: so

Tomorrow will be cold so ~

#밖에 안 나갈래.

누가 안 나가요? 내가 → I

지금 안 가는 게 아니라 내일이니까 미래 기둥인데 부정 not까지 붙여서 → will not

묶으면 won't

밖에 안 간다. '가다'는 → go

엑스트라가 있죠. 어딜 안 가요? 밖에 → outside

→ I will not go outside. I won't go outside.

#내일 추울 테니 난 밖에 안 나갈 거야.

→ It will be cold tomorrow - so - I will not go outside.

→ Tomorrow will be cold - so - I will not go outside.

한 문장 더 해볼까요?

#내일 추울 테니 난 밖에 안 나갈 거야. 그래도 헬스는 갈 거야.

> gym [짐] <

헬스클럽을 줄여서 헬스라고 하죠? health는 '건강'. 영어는 운동하는 장소로 gym을 잘 씁니다.

→ It will be cold tomorrow - so - I won't go outside - but I will go to the gym.

연결끈은 복잡하게 볼 필요가 전혀 없어요!
'그리고, 그러나, 그래서' 이런 애들이잖아요.
연결하기 싫으면 안 붙이면 돼요. 여러분의 선
택입니다.
가이드는 가이드일 뿐 어떤 연결끈을 쓸 것이
냐는, 스스로 설득이 되면 밀어붙이세요.
하나만 더 해보죠.

사랑에 빠진 사람은 유치한 짓도 서슴없이 하
죠. 그래서 누군가, "너 왜 그래?"라고 할 때 할
수 있는 말.

#난 사랑에 빠졌어, 그러니 상관없어!

→ I am in love, so I don't care!

누가 뭐래도 상관없다는 말로 농담 삼아 자주
말합니다. "사랑에 빠져 난 마냥 행복해.
우스워 보여도 상관없어."

콤마 있죠? 마찬가지로 쉼표라고 보면 돼요.
짧으면 필요 없을 것이고, 길면 필요할 테고!
기둥 문장이 다 붙으면 기니까 필요한 거겠죠.
그럼 연습장으로 넘어가볼까요?

#나는 남자야, 그러니 울지 않겠어.
cry [크*라이]

.... I am a man so I will not cry.

#우리 추워서 그러는데 창문 좀 닫아주시겠어요?
cold / window [윈도우] / close / please

We are cold so can you close
.... the window, please?

#숙제가 있어서 나 오늘 못 놀아.
homework / play

I have homework
.... so I can't play today.

#나는 네가 좋으니 이걸 너한테 줄게.
give [기*브]

I like you so I will give this to you. /
.... I like you so I will give you this.

#우린 K-pop을 좋아해서 한국을 좋아해요!

....We like K-pop, so we like Korea!

#우리 준비 안 됐으니까 기다려!
ready / wait

....We are not ready, so wait!

92

#I am Korean, and I will make this.
→ 나는 한국인이고, 이것을 만들 것이다.
내가 한국인이고, 이것을 만들 것이라고 그냥 2가지 사실을 이어주는 것뿐입니다.

#I am Korean, but I will make this.
→ 나는 한국인이지만 이것을 만들 것이다.
나는 한국인이라고 한 다음 but이 들어가면서 상반되는 말을 하겠다는 거예요.
한국인인데도 이 테이블을 만들 것이다, 보통 한국인은 이것을 안 만드는 것처럼 들리죠.

#I am Korean, so I will make this.
→ 나는 한국인이니, 이것을 만들 것이다.
나는 한국인이라고 한 다음 so로 연결하니까, 한국인이기 때문에 생기는 결론이라는
느낌이죠. 한국인이기 때문에 이것을 만드는 것처럼 들려요.

연결끈으로 인해 말을 다른 감정으로 받아들이게 되는 것은 우리말도 마찬가지예요!
그럼 3가지 연결끈을 가지고 다양하게 말을 만들어보세요.

I am Korean, ✳ I will make this.

4¹⁵

BE 동사 의문문

BE 기둥 질문!

당연히 2가지 중 하나로 바꾸면 끝!

대신 **AM**과 **ARE**를 잘 생각해서

각기 맞는 자리에 넣어야겠죠?

94

넌 너희 부모님이랑 가깝니?

명령 기둥 첫 스텝에서 두비의 중요성을 말할 때 했던 질문이죠?
아래 문장들을 직접 만들어 구조를 쌓아보죠.

#가깝게 있지 마!

> close는 발음이 [클로스] <

 무슨 기둥이죠? 명령.
가깝게 있다는 건 상태죠. 두비에
서 be 쪽으로!

→ Don't be close!
'가까운'이란 뜻의 close는 '문을 닫다'의
close [클로즈]와 발음이 확실히 다릅니다.

#난 우리 부모님이랑 가까워.

현재 가까운 거니까 BE 기둥을 쓰면 되겠죠?
내가 뭘 한다고요? 가깝다죠.
I = close
→ I am close.
엑스트라는 '우리 부모님이랑'이죠.
"나는 우리 부모님을 가까워" 같은 말이 안 되
려면 껌딱지 하나를 붙이면 될 텐데 어떤 것이
어울릴지 직접 생각해보세요!

아무랑 가까운 것이 아니라, 부모님이랑 가까
우니, 방향을 잡아주면 되겠죠?
방향 껌딱지 to!
→ I am close to my parents.

#넌 너희 부모님이랑 가깝구나.

카멜레온이 you니까 BE 기둥 모양도 바꿔줘
야죠?
→ You are close to your parents.

#넌 너희 부모님이랑 가깝니?

위의 문장을 뒤집으면 돼요!

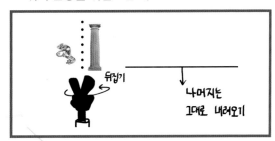

Are you~ 하고 나머지는 그대로!
→ Are you close to your parents?

명령 기둥에서 문장들이 쌓아지는 게 보이죠?
이렇게 가다 보면 어느 문장이나 만들어낼 수
있답니다.

이제 BE 기둥으로 문장 짓는 법은 어느 정도
익숙해졌으니, BE 기둥을 잘 골라보는 연습만
남았습니다.

연습장에서 직접 해보세요.

#준비됐어?
ready [*레디]

.... Are you ready?

#애들 일어났어?
Hint: 껌딱지 사용

.... Are kids up?

#배고프세요?
hungry [헝그*리]

.... Are you hungry?

#편안하세요?
comfortable [컴*퍼터블]

.... Are you comfortable?

#저 여자애들 쌍둥이야?
twins [트윈즈]=쌍둥이

.... Are those girls twins? / Are they twins?

#괜찮아?
okay

.... Are you okay?

#나 들어갔어!
Hint: 껌딱지 사용

.... I am in!

#내가 틀렸어? 나 안 들어간 거야?
wrong [우*렁]

....Am I wrong? Am I not in?

#너 미쳤어?
crazy [크*레이*지]

.... Are you crazy?

이제 기둥 구조가 머릿속에서도 그려지기 시작하나요?

이해가 가면 머릿속에서도 보이죠. "아, 이해했어요", "아, 네" 같은 표현을 영어로 하면
I see. 이렇게 말합니다. "그런 거군."

그래서 "이해 가세요?"라고 물을 때도 마찬가지로 "보이세요?"라고 질문하기도 한답니다.
→ Do you see?
안 보이면 고민하지 마세요.
#서두르지 마세요.
> 서두르다는 영어로 rush [*러쉬] <
→ Do not rush!

계속 스텝을 진행하다 보면 실력이 탄탄해질 겁니다. 우리말도 트이는 시간이 각기 다를 뿐 언젠가
는 다 하게 되잖아요. 마찬가지예요!
그럼 DO 기둥과 BE 기둥 질문들을 다시 보면서 서로 섞어 만들어보세요.

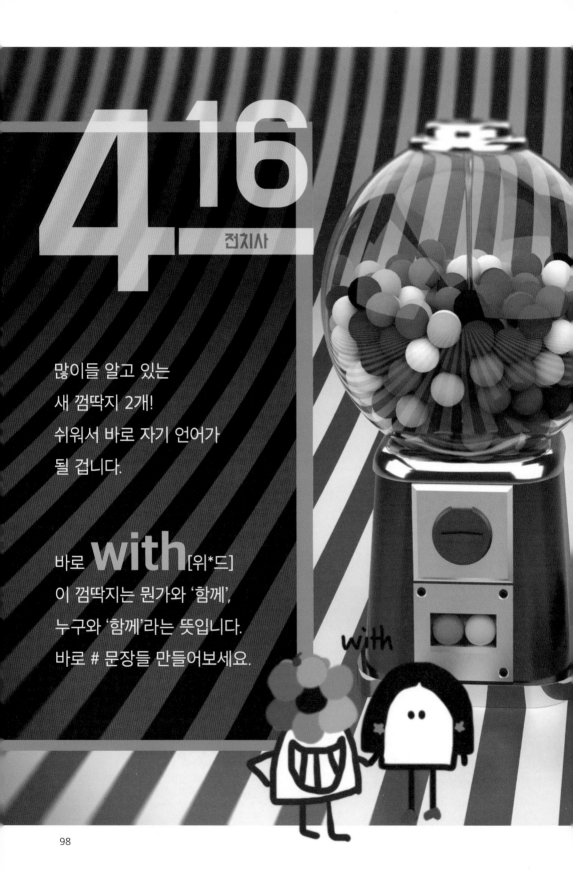

4 16

전치사

많이들 알고 있는
새 껌딱지 2개!
쉬워서 바로 자기 언어가
될 겁니다.

바로 **with** [위*드]
이 껌딱지는 뭔가와 '함께',
누구와 '함께'라는 뜻입니다.
바로 # 문장들 만들어보세요.

#혼자 여기 계세요?

> 혼자는 alone [얼론] <

두비에서 be 쪽이고,
지금 혼자냐고 묻는 거니까 BE 기둥입니다.

→ Are you here alone?

#아니요, 저분(남)이랑 같이요.

지금 내 상태가 저분이랑 같이 있는 거니까 껌
딱지로 간단히 해결!

→ No, I am with him.

내 상태가 with him, 저분과 같이 있는 겁니
다. 동행이라는 거죠.

#와! → Come!

#네 동생(남)이랑 같이 와!

→ Come with your brother!

이렇게 껌딱지는 뻔한 예문도 있지만 그것은
연습장에서 하기로 하고 지금은 더 다양한 예
를 볼게요.

상황) 옛날 여자 친구가 내가 아는 사람이랑 같이
있습니다. '뭐야? 둘이 사귀어?' 하는 생각이 들
죠. 옛날 여자 친구만 따로 불러서 물어봅니다.

야! 너희 둘이 사귀어?

'사귀다'라는 말 없이, 더 쉽게 말할 수 있어요.
직접 메시지를 전달하려고 해보세요.

너희 둘: 영어로 you two
너희 셋은? you three

→ Are you two together?

together는 '함께'라는 뜻이죠. 아이스크림 이
름 중에도 '투게더'라고 있잖아요.
직역하면 → 너희 둘이 함께야?

같은 방식으로 다르게도 질문할 수 있어요.

Are you with him?

너 쟤랑 같이 있느냐고 묻는 겁니다. 연인인 것
같은 사람한테 물어보면 둘이 사귀느냐고 묻는
거고요, 레스토랑에서 기다리는 사람들한테
물어보면, 저 분과 동석이냐고 묻는 겁니다.
우리말로는 '동석', '사귀다' 식으로 다른 단어
가 필요하지만, 영어는 be에 바로 껌딱지를 붙
여 다양한 문장에서 사용할 수 있답니다.
단어를 모를 때 이렇게 껌딱지만 잘 알아도 응
용하기에 정말 유용하겠죠?

#난 저 여자애와 사랑에 빠졌어.

I am in love~
누구랑요? 저 여자애랑 사랑에 빠진 거죠?

→ I am in love with that girl.

with를 붙여서 말해줍니다.

'사랑하다'는 love로 두비에서 do 쪽이지만 사랑에 빠진 것은 상태인 be 쪽이라고 했죠?
나도 어쩔 수 없는 상태니까요. 다음 문장들을 쭉 읽으면 with 느낌이 더 강해질 겁니다.

#I am in love with your smile. 너의 미소와
#I am in love with your voice. 너의 목소리와
#I am in love with your laugh. 너의 웃음과
#I am in love with your eyes. 너의 눈과
#I am in love with your body. 너의 몸과
#I am in love with you. 너와 사랑에 빠져 있어.

#친구랑 싸우지 마!
사랑처럼 싸우는 것도, 손뼉이 맞아야 싸운다고 with를 씁니다. 만들어보세요.
→ Don't fight with your friend!
혼자 싸우는 게 아니라 항상 상대가 있어야 싸움이 되니까 그런 것 같아요.

#You can't fight with me!
'너랑 싸울 일이 없으니까 싸울 수 없다!'라는 뜻이지만
#You can't fight me!라고 하면 뭐가 다를까요?

네가 실력이 부족해서 나랑 못 싸운다는 뜻입니다.

with를 알고 나면 그 반대 껌딱지도 쉽습니다.
같이 있는 with를 out 시켜서

without [위*드아웃]

'없다~ 없이~'라는 느낌의 without 껌딱지
만들어볼까요?

#전 그녀 없이는 못 살아요.
무슨 기둥이죠? 못 한다고 하니 CAN 기둥
→ I can't live without her.

#가지 마!
→ Don't go!
#나 두고 가지 마!
껌딱지로 간단하게 만들어보세요.
→ Don't go without me!
어렵지 않죠? 뻔히 보이는 껌딱지예요. 암기해
야 하는 것이 아니라 상식적으로 보면 오히려
더 간단해집니다.

상황) 시험 시간
#답은 연필로 적으세요.
> answer / pencil / write <
Write your answers ~
답을 적는데 연필로 적으라는 거죠. 연필이 있
어야겠네요. → with a pencil
→ Write your answers with a pencil.

#펜을 사용하지 마세요.
Do not use~
사용하는 것은 그냥 그 자체를 사용하는 거니
까 굳이 with가 필요 없습니다. '사용하다' 자
체가 이미 뭔가를 가지고 하는 거니 단어 안에
with가 들어간 셈이죠.
→ Do not use a pen.

여기서 use는 껌딱지가 없고, write는 붙이는
데, 그걸 일일이 다 기억해야 할까요?
아니요! 단어를 보면 다 나옵니다.

Use it!
뭘 사용해요? What? 하면 곧바로 'A pen!'
이 나오죠.
Write it!
뭘 써요? What? 하면 'The answer = 답'이
나오지, a pen이 나오지 않죠? 이래서 pen을
말하려면 with가 붙는 겁니다.

껌딱지의 감만 잡으려 노력하면 껌딱지 실력은
상상 이상으로 늘 거예요. 상황을 상상하고 이
해한 후에 만들면 혀가 더 잘 기억한답니다.

4 17

부사

정말? 진짜?

Really

[*리얼리]

이렇게 물어봐도 되고,
강조하고 싶은 곳 앞에
스포트라이트를 🔦 비추듯
말해도 됩니다. 먼저
아무것도 없이 말해보죠.

102

상황) 친구가 여자 때문에 고민이 많아요.
나: #좀 잊어!
> forget [*폴'겟] <
→ Forget her!
친구: #못 하겠어.
→ I can't do it.

난 정말 못 하겠어.
못 하겠는데 = can't
정말 못 하겠다니까 그 앞에 really로
스포트라이트를 비춰주면 can't가 강조됩니다.
→ really can't 끝이에요!
→ I really can't do it.
또 해볼까요?

#사랑해.
→ I love you.
#나 정말 너 사랑해.
사랑하는데 정말 사랑하는 거죠.
→ I really love you.
#진짜, 진짜 너 사랑해!
강조해서 기둥까지 끄집어내 볼까요?
→ I really, really do love you.

really는 스포트라이트여서
위치를 편하게 날치처럼 날아다닐 수 있답니다.
#정말 그녀를 잊을 수가 없어.
→ I really can't forget her.

   extra

배경으로 강조해줘도 됩니다.

정말이에요, 나 쟤 못 잊어요.

→ Really, I can't forget her.

강조하고 싶은 것이 있을 때 그 말 앞에 really로 빛을
때려준다는 걸 기억하세요. 그럼 연습장에서 만들어보세요.

#너를 정말 좋아해!

....I really like you!

#우린 정말 정답을 모르겠어.
answer / know=알다

....We really don't know the answer.

#저 진짜 그 남자랑 같이 살아요.

....I really live with him.

#저희 정말 매일 역사 공부해요.
history

....We really do study history every day.

#정말로, 기억나지 않아.
remember

....Really, I don't remember.

104

날치는 날아다니니까 몰랐던 위치에 나와도
당황하지 말고 어떤 단어 앞에 있는지를 보세요.
큰 차이는 거의 없답니다.
마지막으로 서로 비교하면서 말해볼게요.

정말이야, 나 여자 친구 있어.
내가 말하는 문장 전체가 진짜라고 말하고 싶
으면 배경으로 깔아주고 말하면 돼요.
→ **Really**, I have a girlfriend.

여자 친구가 정말 있다는 것을 강조하고 싶으면
have 앞을 비춰주면 되는 거죠.
→ I **really have** a girlfriend.

다 말했는데도 안 믿는 것 같으면 뒤에 다시
한번 말해주고요.
→ I have a girlfriend, **really.**

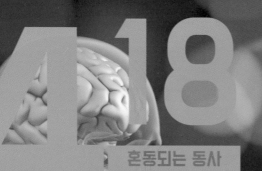

speak

영어는 사람 몸을
'기능'대로 나눠서
눈으로 보는 행동은
see, watch, look으로,
귀로 듣는 행동은
hear, listen으로
분류되어 있었죠?

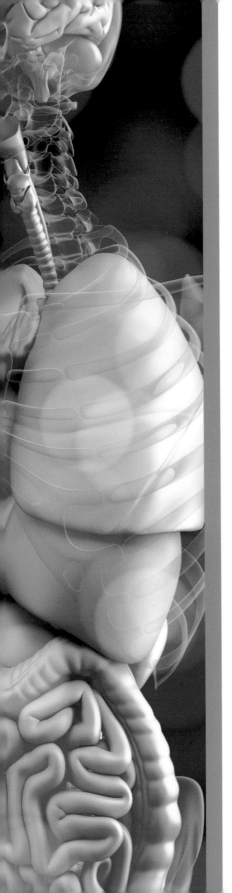

다행히 코는 **smell** 딱 하나로 다 됩니다.
'킁킁거리다'라는 말로 sniff [스니*프]가 있지만 우리처럼 '킁킁거리다'라고만 쓰지 기본적으로 '냄새 맡다'라는 말에선 쓰지 않아요.

그럼 눈, 귀, 코 지나서 마지막 입!
말하다!
영어는 '말하다'를 4개로 분류합니다.
'보다'는 3개, '듣다'는 2개인데 '말하다'가 제일 많죠?

인간은 언어로 엮여서 그런가 봐요. 다행히 이미
다들 들어본 단어일 테니 말로 연습한다 생각하고 편하게 들어가세요.

#Speak!
→ 말해!
신체적으로 입, 혀, 뇌가 있어서 가능한 '말하다'입니다. 그래서 언어장애인들은 speak를 못 한다고 표현합니다.

〈Don't speak〉란 외국 노래도 있었는데, 아예 말하지 말라는 뜻입니다.
#입 열지 마! 말하지 마!
→ Don't speak!
뇌가 세팅되어 말하는 외국어 역시 speak로 표현합니다.
#영어 하세요?
→ Do you speak English?
#영어 할 줄 아세요?
→ Can you speak English?
speak는 쉽죠?

그다음은 **tell** [텔]

'텔미! 텔미! 테테테텔미~'라는 인기 가요도 있었는데, 들을 준비가 되어 있으니 이야기를 해보라는 겁니다.

tell은 한 사람은 듣고, 다른 사람이 계속 말할 때 사용합니다.

#나한테 말해줘!

명령 기둥이죠.

→ Tell me!

그래서 이야기를 할 때 사용해요. 이야기는 한 사람이 계속 말하는 거잖아요.

#나한테 웃긴 이야기해줘!

> funny / story <

→ Tell me a funny story.

#거짓말하지 마!

→ Don't lie!

#왜 나한테 말 못 하는데?

→ Why can't you tell me?

어렵지 않죠? 자, 그다음!

이제 한 사람이 말을 하고, 다른 사람이 반응하며 말하고, 이렇게 서로 말을 이어갑니다. 간단하게 한두 문장씩 짧게 말할 때는 **say** [세이]라고 표현합니다.

#Say 'sorry'!

→ 미안하다고 말해!

sorry는 짧잖아요.

자! 서로 너 한 마디 하고, 나 한 마디 하고, 그러다 계속 이야기도 하고, 이런 상황을 반복하며 하는 그 모든 '말하다'가 바로

talk [토크]입니다.

그래서 '토크쇼'라고 하는 겁니다. show의 뜻은 do 동사로 가면 '보여주다', 명사면 '쇼'! 대화하는 것을 보여주는 프로그램인 거예요. 카톡! kakao talk. 다양한 '말하기'가 오가죠. 문장을 만들어보세요.

#저랑 제 친구는 매일 통화해요.

→ My friend and I ( ) talk every day on the phone.

그럼 복습! 맞혀보세요.

내가 '이거야'라고 말했더니 쟤가 '저거야'라고 하는 식으로 한 마디 두 마디씩 하는 '말하다'는?

→ Say

그러다 한 사람이 길게 이야기를 해주고 다른 사람은 듣고 있는 '말하다'는?

→ Tell

이런 식으로 say도 하다가, tell도 하면서 전체적으로 주고받는 '말하다'는?

→ Talk

이 모든 것이 가능한 이유는 우리가 말을 할 수 있기 때문이죠. 이럴 때의 '말하다'는?

→ Speak

잘 맞히셨나요?

우리가 다양한 '김치'를 외국인에게 소개해줄 수도 있지만, 그들이 김치를 스스로 분간할 수 있는
능력을 키우는 방법은 단 하나! 직접 먹어보면서 김치 이름을 알아맞혀 보는 거겠죠.
초반에는 헷갈려도 됩니다. 하지만 어떻게 나누는 건지 알아두면 나중에는 여러분도 좀 더 쉽게
골라 쓸 수 있겠죠?
자~ 연습장에서 직접 해보고 가이드와 비교하세요. 자신의 것과 다르다고 혼란스러워하지 마세요.
지금 드린 룰들에 논리적인 설명을 할 수 있다면, 맞을 수 있어요.
결국 다 '말하다'이기 때문에 겹쳐도 됩니다.

#그분들은 3가지 언어를 하세요.
language [랭귀지]

.... They speak three languages.

#나 들어갔어? 아니, 말해주지 마.
이 압박감을 감당 못 하겠어!
Tip: '들어갔어?'는 BE 기둥으로 만들어보세요.
pressure [프*레셔]=압박감 / handle [핸들]=감당하다

Am I in? No, don't tell me.
.... I can't handle this pressure!

#그냥 기다려봐! 나중에 말해줄게.

.... Just wait! I will tell you later.

#나중에 얘기하자. (내가 나중에 너랑 얘기할게.)

.... I'll talk to you later.

#한국말 하세요?

.... Do you speak Korean?

#우린 자주 같이 얘기해.

.... We often talk together.

#내가 뭘 하게 될까?

.... What will I do?

#넌 항상 너희 어머님한테 내가 무엇을
할 건지 말하잖아.

.... You always tell your mother what I will do.

#(카메라 앞) '김치!'라고 해보세요!

.... Say 'Kim-Chi'!

'수화'는 영어로 → sign language
도로 위의 사인처럼 손 모양에 다 뜻이 있는
거죠.

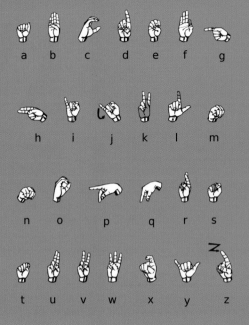

'연습하세요'를 수화로 말해
주세요.
→ Say 'practice' in sign language.

말은 쉬운 구어가 있고, 문어체가 있고, 전문
용어가 있죠?
용어: term [텀] / terminology [터미놀로지]
음악 용어: musical [뮤지컬] terms
과학 용어: scientific [싸이언티*픽] terms
의학 용어: medical [메디컬] terms

클래식 음악의 경우 악보를 봐야 하기 때문에 음악 용어가 가득합니다. 이탈리아어, 독일어, 프랑스어, 영어. 영어도 미국에서 사용하는 것, 영국에서 사용하는 것이 다 다르게 붙어 있죠.
그래서 음악 전공자라면 뜻을 설명해주는 음악 사전은 기본으로 가지고 있습니다.

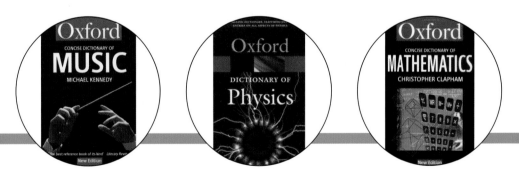

물리, 수학, 컴퓨터 등 전문 분야에 사용되는 용어도 다 거기에 맞는 용어 사전이 나와 있습니다.
사전이 있으면 전문 서적을 읽는 것이 훨씬 수월해질 겁니다. 모르는 단어가 알고 보니 전문용어여서 우리말로 번역되었다고 해도 무엇인지 모를 수 있기 때문이죠.

여러분도 관심 있는 전문 분야가 있다면 거기에 맞는 사전이 있는지 구글로 검색해보세요.

4 19

좀 더 자세히 묻는

WH Question!

Yes, No 질문처럼 앞에 1번 2번을 뒤집고!
그 앞에 WH를 붙여 넣으면 되죠?

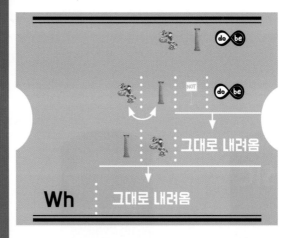

이번 기둥은 타임라인을
가장 길게 덮는 기둥으로 두비가 분리되어
DO 기둥과 BE 기둥으로 따로 움직입니다.
서로 워낙 다른 방식이기 때문에
각각 탄탄해질 수 있도록
이번 WH는 DO 기둥부터 들어갑니다.

상황) 친구가 영어를 정말 잘해요.
넌 영어 연습해?
반복적으로 하느냐고 물으니까 DO 기둥
으로 질문.
→ Do you practice your English?
어떻게 영어 연습해?
'어떻게?'는 'how'. 앞에 붙이기만 하면!
→ How do you practice your English?

줄여서: # 어떻게 연습해?
→ How do you practice it?

상황) 제 가방 안에 큰 상자가 있어요.
내 가방 안에 큰 상자
있어.
→ I ( ) have a big box in my bag.
이 문장을 상대방한테 하는 질문으로 바
꾸면,
→ Do you have a big box in your bag?
"너 가방 안에 큰 상자 있니?"가 되겠죠.

너 가방 안에 뭐 있냐?
Wh 붙이고 나머지 그대로.
→ What do you have in your bag?
a big box는 답이니 당연히 질문에는 없
어야죠?

상자 안에 뭐 있어?
→ What do you have in the box?

10만 원은 영어로?
→ 100 읽고, 첫 번째 콤마는 thousand~

상황) 동생이 돈이 필요하대요.
나 10만 원만 빌릴 수 있
을까?
항상 기둥 먼저 고르고 거기에 맞게 단어
를 넣으세요!
→ Can I borrow just 100,000won?

너 돈 필요해?
> need [니드] <
'필요하다'는 '원하다'처럼 두비에서 do 동
사로 가죠?
　　　　　→ Do you need money?

언제 필요해?
　　　　　→ When do you need it?

상황) 카페에서 핸드폰을 보는데 친구가
누구를 봤는지 갑자기 말합니다.
어? 나 쟤(여) 아는데!
안다는 것은 뇌가 하는 것이니 do 동사.
단어는 know. 안다는 것은 어제도 알았고,
지금도 알고, 기억상실증에 걸리지 않는
이상 계속 아니까 DO 기둥.
　　　　　→ Ah? I ( ) know her!
나는 핸드폰에서 눈을 뗄 수 없어 건성으
로 질문합니다.
누굴 아는데?
질문으로 만들어야 하니 투명 망토를 벗기
고 뒤집어야죠.
　　　　　→ Who do you know?
당연히 맨 뒤에 her가 답이니 빠지고요.

그럼 이제 연습장에서 직접 만들어보세요.

#네가 어떻게 알아?
know

.... How do you know?

#쟤네들은 항상 어떻게 아는 거야?

.... How do they always know?

#A: 크리스마스에 뭐 먹어요?
Christmas day

.... What do you eat on Christmas day?

#B: 칠면조 먹어요.
turkey [터키]=칠면조

.... We ( ) eat turkey.

#김치 어떻게 만들어요?
Kimchi / make

.... How do you make Kimchi?

#쟤네들 왜 매일 거기에 가?

.... Why do they go there every day?

#어디 사세요?

.... Where do you live?

#넌 우리 상사가 왜 마음에 들어?
boss / like

.... Why do you like our boss?

#넌 왜 그분(남) 마음에 안 들어?

.... Why don't you like him?

처음 나오는 통째로 굴리기!
항상 정해진 대로 사용하는 말들이 있습니다.

예를 들어, 한국어를 배우는 외국인이,
"잘 자. 안녕히 주무세요. 주무세요."
하는 말 대신
"깊은 잠을 자라~ 좋은 수면을 취하십시오~
좋은 잠을 자라~"라고 말하면 알아들을 수는
있겠지만 쓸데없이 복잡하게 말하는 것 같죠?
우리는 저 3가지 이상은 잘 안 하죠? 굳이 필
요성을 못 느끼는 겁니다.

통째로 굴리는 표현들입니다.
그냥 문장 전체를 기억하면 더 편하죠.

#What do you do?
무슨 기둥인지 분해해보세요.
→ DO 기둥
뭐를 반복해서 '너는 하냐?'고 묻죠.
무슨 일을 하느냐고 묻는 겁니다.

#무슨 일 하세요?
→ What do you do?
보면 일 = work 이런 단어 없죠?

우리도 **"뭐 하세요?"**라고 말하기도 하지만
"무슨 일 하세요?"와 비교하면 더 편하게 말하
는 것 같죠. 영어에서 "What do you do?"는
예의 차리면서 하는 형식적인 질문입니다!
그러니 통째로 기억!

매일 하는 행동을, 결국 일이라고 표현한 것이 재미
있죠? 그러면 그 질문을 일이 없는 학생에게 물었을
때는? 그냥 학생이라고 대답하면 돼요.
"I am a student!"
**자! 영어를 할 때는 무조건 묻는 질문에 맞게
대답해야 한다고들 생각해요. 영어를 언어로
보지 않고. 하나의 시험으로 봐서 그렇습니다.**

예를 들어, 스피킹 시험에서 "무슨 음악을 좋아하나요?" 물으면 음악에 관심이 없던 학생도 순간 좋
아하는 음악을 찾느라고 고민합니다. 주어진 질문에 답을 하기 위해서죠. 하지만 정말 영어를 자유
자재로 구사한다면 "저 음악을 별로 안 좋아해요. 주위 친구들은 음악도 듣고, 춤도 추는데.
전 관심이 없어요. 대신 다른 것을 해요. 예를 들어 컴퓨터 게임요" 하면서 그리로 대화를 유도하면
되겠죠?

상대가 영어 시험관이라도 결국 얼마만큼 자신과 자연스럽게 소통이 가능한가를 확인하는 것이 스
피킹 시험이니까요. 영어는 과목이 아니라, 내 말을 더 많은 이에게 알아듣게 하기 위한 도구라고
생각하세요. 편하게 바라보면서 탄탄하게 자기 말을 계속 쌓아가기 위해 끊임없이 연습하세요.

WH AM ARE

DO 기둥의

WH 질문을 했으니

BE 기둥의

WH 질문 들어갑니다.

BE

A

=

난 누구인가?

쭉 만들어볼까요?

#저 괜찮아요. → I am okay.
#넌 괜찮아. → You are okay.
#너 괜찮아? → Are you okay?
#넌 어때? → How are you?

영어로 인사할 때, "How are you?" 많이 알죠? 이제 왜 그렇게 만들어졌는지 보이죠?
"How are you?"는 처음 만나는 인사로 "Hello, how are you?"라고도 잘 말한답니다.
BE 기둥 질문이었던 거죠. 우리는 일반적으로 BE 기둥을 많이 힘들어해요. 우리말로 굉장히 간단
해 보여서 무슨 기둥인지 고민할 때는 대부분 BE 기둥이랍니다. 질문 보고 BE 기둥으로 생각이 되
었는지 확인하면서 먼저 천천히 만들어보세요.

#너 밖이야?
→ Are you outside?
#어디야?
→ Where are you?

#나 여기 왜 있는 거야?
→ Why am I here?
#그리고 왜 쟤(여)랑 같이 있
는 거지?
BE 기둥에 껌딱지 쓰면 간단하게 전달돼요.
→ And why am I with her?
AM에 with를 붙이면 심플하게 전달되죠?

#너 혼자 있어?
→ Are you alone?
#왜? → Why?
#왜 혼자 있어?
→ Why are you alone?
#여기 왜 있어?
→ Why are you here?

#쟤네들은 누구야?
→ Who are they?
#이것들은 뭐야?
→ What are these?

#전 한국 출신입니다.
→ I am from Korea.
(상대방을 가리키며)
#어디서 오셨나요?
→ Where are you from?

#당신은 우리 엄마가 아니잖
아!
→ You are not my mother!
#당신 누구야?
→ Who are you?

BE 기둥 질문들은 한국어로 보면 간단한 문장
이죠? 이제 입에 붙게 반복해서 속도를 올리
며 연습하세요!

4

21

동사

PLAY

- SPORTS

118

우리 노는 거 좋아하죠?
'논다' 하면 play를 떠올리는데 노는 것도 보면 다른 종류가 있어요.
초등학교 저학년 때까지 아이들은 보통 뛰어 놀죠. 손에 잡히는 물건들은 장난감으로 변합니다.
그렇게 노는 것을 **play** 한다고 합니다.

하지만 6학년만 되어도, "친구하고 놀게요" 하고는 놀이터 등에 모여 앉거나 서서 얘기를 합니다. 움직임이 현저하게 줄어들죠. 분명히 노는 것인데 어렸을 때 그 play와는 행동이 다르죠?
분류해서 카테고리로 만드는 것을 좋아하는 영어는 그래서 이렇게 노는 것을 **hang out** 한다고 말합니다.

그림으로 상상해보세요.
hang = '걸다'

옷이 옷걸이에 색색깔로 걸려 있습니다.
이제 밖에 서서 얘기하며 노는 아이들을 구경해보면 비슷하게 보이나요? → hang out

연인에게 묻습니다.
#난 이번 주말은 친구들이랑 놀 수 있을까?
Can I hang out~ 다음에
- extra 껌딱지 붙여서 → with my friends
- extra 이번 주말이란 엑스트라가 있죠? → this weekend
→ Can I hang out with my friends this weekend?

1학년 딸이 묻습니다.
#저 친구랑 놀아도 돼요?
→ Can I play with my friend?

어릴 때 play가 성인이 되어서도 멈추지 않는 것이 많이 있죠. 그중 하나가 공놀이!
#'공'은 영어로   → a ball
공으로 노는 것은 다 play 한다고 말합니다.
그래서,
#나 축구할 수 있어.
→ I can play football.
soccer [싸커]는 미국에서 많이 쓰고 대다수는 football을 씁니다.

축구 협회 FIFA [*피*파]의
두 번째 F가 football의 약자입니다.
첫 F는 federation [*페더*레이션]으로 **'연합'**이라는 뜻입니다.

미국에서 football 하면 American Football로 럭비공처럼 생긴 미식축구공으로 하는 운동을 말해요. 헬멧을 쓰고 몸을 무장해 헬멧 부딪치는 소리가 격렬하게 들리죠.
원래 럭비공과 럭비는 영국에서 시작된 운동으로 영국은 대신 헬멧도 없고 맨몸으로 부딪칩니다.

영국식 럭비를 하는 국가 중 뉴질랜드 팀이 시합 전에 상대방의 사기를 꺾기 위해 하는 전쟁춤, War dance가 유명해요.

YouTube에서
New Zealand Rugby War dance
라고 검색해서 구경해보세요.
영어로 자주 검색하는 것에 익숙해지세요.

well [웰], 들어본 적 있으세요?

뭔가 말하기 전에 잠깐 뜸을 들이는 "음, 어" 하는 소리를 well이라고 표현한답니다.

우물도 well, 스펠링이 같아요.

#우리 마당에 우물이 있어요.
우물을 가지고 있는 거니까
→ We have a well in our garden.

이래서 영어는 단어보다 중요한 게 위치라고 했죠?
단어가 문장 어느 위치에 있는 건지 안 보이면 자기가 기억하는 뜻으로만 이해해서 해석이 제멋대로일 수도 있습니다.

위치는 기둥 중심이니 기둥 구조를 항상 인지하며 바라보는 것은 필수!

이번에 배울 것은 또 다른 세 번째 well '잘~'이란 뜻의 well입니다.

"잘한다! 잘했어!" 할 때도 well이라고 말합니다. 다음 문장을 분해해보죠!

명령 기둥으로 두비 뒤에 엑스트라로 붙여서
Do well! vs. Be well!
어떤 차이가 있을까요?

#Do well!
해! / 잘하다
"잘해!"라는 뜻이에요.
쉽죠?

I do well

I am well

#Be well!

상태가 = 잘되다
"잘 돼"라고 생각하기 쉽죠?
하지만 더 나아가 인생이 아닌 '네 상태가 잘
돼라~' 해서

"아프지 마! 건강해라!"라는
뜻입니다.

Be well. 몸의 상태가 잘 있게 하라는 겁
니다.

Do well! vs. Be well!
행동을 잘하고 vs. 상태를 잘 있게 하고
do와 be 차이가 확실히 드러나죠.
그럼 명령 기둥에서 두비 기둥으로 바꿔보죠.

#I ( ) do well.

DO 기둥. 나는 항상, 반복적으로 잘하는 겁니
다. 지금 당장 하는 게 아니라,
'나 보통 잘한다'고 말하는 거죠.

#나 그거 (평소에) 잘해.
→ I do that well.

하지만 I am well은
I = well
내 상태 = 잘
나 아프지 않고, 상태가 잘 있다!

#난 잘 있어! (아프지 않고)
→ I am well!

한국 영어 교과서를 보면
I ( ) do this well과 비슷한 말로
I am good at this를 가르쳐줍니다.
BE 기둥에서는 well이 아닌 good을 썼죠?
BE 기둥에 well을 쓰면 '건강하다'라는 말인
데, good을 쓰면 무슨 뜻일까요?

good은 역할이 있는데, '그것을
잘하고 있다!'라고 말할 때 씁니다.
넌 좋은 선수다!
> player <
　　　　　→ You are a good player.
You are good!
　　　　　→ 너 잘하네!

그래서 "좋네~ 잘하네~" 할 때 줄여서
"Good!"이라고 말하는 겁니다.

"You are good"과 축구를 잘한다는 말을 연
결하고 싶다면 어떻게 해야 할까요?
그냥 football을 붙이면 good football이니,
네가 좋은 축구가 된다는 거고
그래서 껌딱지가 필요한데, 다 잘하는 게 아니
라 딱 집어서 축구를 잘한다고 하는 거니까,
포인트 껌딱지 at이 좋겠죠?

point at　　　→ You are good at football.
그래서 생겨난 말이 You are good at this.

상황) 말썽 피우는 아이에게 아빠가 영어로 말
합니다.
Hey! Be good!
아이한테 "Be well"이 아닌 "Be good"이라고
하면 "Good boy, Good student"처럼 good
하게 굴라는 겁니다. 우리말로 어울리는 번역
은 "착하게 굴어! 말썽 피우지 마!"가 되죠.

우리는 "효녀네, 효자네" 이런 말을 자주 사용하지만 영어에는 '효'라는 개념이 없습니다.

당연한 덕목으로 여기지도 않습니다. 그렇다고 부모님을 덜 공경한다든지 애정을 덜 표현한다든지 하는 것은 아닙니다.
좋은 자식이 되려 하지만 그렇다고 주위에서 효도하라면서 도덕적 책임처럼 강요하거나 평가하지 않는다는 거죠. 그래서 따로 '효'라는 단어가 없습니다.
비슷한 단어로 filial [*필리얼]이 있긴 하지만, 격식적인 단어로 '효'처럼 사용되지는 않습니다.

그러면 '**효자 효녀처럼 착한 자녀**'들은 영어로 어떻게 표현할까요?
'Good son, Good daughter, Good kid'입니다.
정말 효자일 경우는 really(정말)를 붙여서
They are really good kids.
이러면 끝이에요. 쭉 만들어볼까요?

#좋은 남편이 돼!
→ Be a good husband!
#좋은 엄마가 돼!
→ Be a good mother!
#잘해!
→ Be good!
#좋은 학생이 돼라!
→ Be a good student!

#바르게 잘해!
→ Be good!
#나 잘해!
→ I am good!

도덕적으로 좋은 일을 하는 사람한테도 good person을 잘 쓰지만 그냥 마음이 착한 사람들을 말할 때는 nice [나이스]라고 잘 합니다.
nice라는 단어에는 기분 좋은 느낌이 있어요.

#You are nice!

→ 너 착하다~! (기분 좋게) 착하네!

#You are good!

→ 너 잘하네!
라는 뜻이 된답니다.
그럼 well과 good을 비교하면서 실생활에 적용해 말해보세요.

123

4 23

접속사

OR

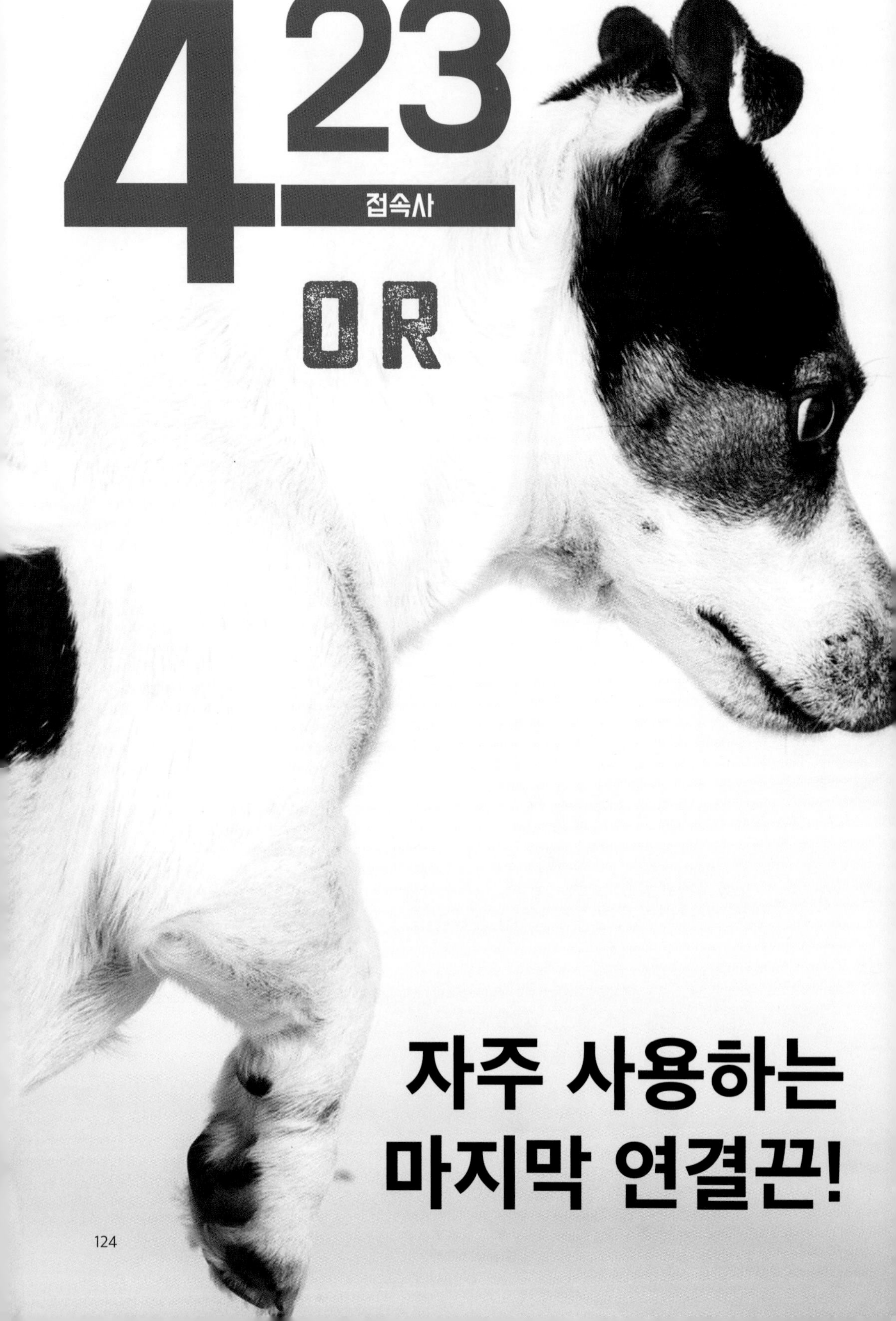

자주 사용하는 마지막 연결끈!

먼저 복습해보죠.
내가 있어.
And··· (그리고) 네가 있어.
So··· (그러니) 우리는 외롭지 않아야 할 텐데.
But··· (하지만) 우리는 인간이잖아.
Then··· (그러면) 인간은 다 외롭다는 건가?

다음 연결끈 들어가죠.
"달걀이 먼저냐? 닭이 먼저냐?" 들어보셨죠?
영어에도 있습니다.
'이거냐 저거냐?'를 연결하는 끈인 **or** [오얼]

#달걀 아니면 닭?
→ The chicken or the egg?

#삶 아니면 죽음?
→ Life or death?

당연히 기둥 문장도 연결할 수 있죠.

#당신 여자예요, 남자예요?
→ Are you a woman - or - are you a man?
기둥이 같으니 뒤는 자연스럽게 생략할 수 있어요.
→ Are you a woman - **or** - a man?

영어에는 이런 질문이 있답니다. 번역해보세요.

#Are you a dog person
or a cat person?

당신이 dog person이냐 cat person이냐 묻고 있죠?
'개 사람'은 개를 좋아하는 사람을 말해요.
개와 고양이가 워낙 성격이 달라서 생긴 질문 같아요.
의역하면 "강아지 좋아하세요, 고양이 좋아하세요?" 묻는 겁니다.

#내 집에서 나가세요! 아니면 경찰을 부르겠어요!

> "내 집에서 나가세요!" 굳이 '나가다'라는 단어 말고 간단하게 leave라는 말로 해보세요.
그러면 어떤 방식이든 이곳에서 떠나라는 메시지가 강해집니다. <

→ Leave my house - or - I will call the police!

or는 오히려 쉽죠? 그럼 연습장에서 다양하게 만들어보세요.

#옷을 만드세요, 신발을 만드세요?
clothes [클로즈] / shoes [슈즈]

.... Do you make clothes or shoes?

#쟤네들 대답이 응이야 아니야?
answer [앤써] / yes / no

.... Are their answers yes or no?

#서둘러, 안 그러면 우리 버스 놓칠 거야!
hurry / miss=놓치다

.... Hurry up or we'll miss the bus!

#가져가든지 내버려두든지. (가져가든지 말든지.)
take / leave

.... Take it or leave it.

#차 마실래, 커피 마실래?

.... Do you want tea or coffee?

126

#Give me liberty
or give me death!

Give me! 명령이죠? 나에게 달라!
뭘요? **liberty** 자! 단어 뜻을 모르면
그냥 liberty [리벌티]라고 읽고 가세요.
→ 나에게 리벌티를 달라!

or

Give me death!

→ 아니면 나에게 달라! 죽음을.
그럼 다시 합쳐볼까요?
나에게 liberty를 주든지 아니면 죽음을 달라!

이러면 liberty가 중요한 단어가 되죠?
이럴 때 사전에서 찾아보면 되는 겁니다.
모르는 단어를 다 찾는 것이 아니라, 뜻을 이
해하는 데 있어 중요한 것들부터 찾는 거죠.
liberty는 '자유'란 뜻입니다.
→ **자유가 아니면 죽음을 달라!**

이 말 들어보셨죠? 우리는 '자유'라고 하면
freedom [*프리덤]만 생각하는데, liberty는
권력으로부터의 자유를 뜻합니다. 누군가의
통제로부터의 자유.

"자유가 아니면 죽음을 달라!"는 영국이 미국
에 세금을 부과하자 미국이 대항해서 한 말이
지금까지 내려오는 겁니다. 그래서 영국의 통
제에서 벗어난 것을 축하하며 만든 '자유의 여
신상' 이름에 liberty가 들어가는 겁니다.

그럼 모든 연결끈을 섞으면서 연습해보세요!

127

4 24

사역동사

한국인이면
모든 한국어 단어를 다 아나요?

외국인이 우리말 단어를 물어봅니다.

"사역이 뭐야?"

"사역? 사격 말하는 거야?"

찾아보니 '사'는 '부릴 사'라고 해서,
'사람을 부리다, 시키다'라는 뜻이 있네요.
'중국에 사신을 보내다' 할 때 그 '사'입니다.
'역'은 '부릴 역'이라고 해서
'사람을 부리다, 일을 시키다'라는
뜻으로…, 똑같은 거 아닌가요?
아무튼 '역할, 병역'의 그 '역'이라고 합니다.

부릴 사

부릴 역

결국 둘 다 부려 먹는다는 뜻인데
그 둘을 나란히 붙인 '사역'이라는 단어가 있더군요.
부려 먹는다는 건 상대방을 내가 말한 대로 하도록 만들겠다는
거겠죠. 우리나라 영어책을 보면 '사역동사'라고 소개하며
가르치는 문법 용어가 있습니다.
사역동사. 단어 자체가 거창하게 들리죠?
그런데 뜻을 찾아보니 별것 아니네요.
그럼 왜 이런 단어가 붙었는지 직접 확인해볼게요.

Make Me Go

상황) 요리 목록에서 만들고 싶은 것을 선택
하래요.
#난 케이크 만들래!
→ I will make cake!

상황) 그런데 갑자기 한 폭군이 나타나서 이런
말을 합니다.
#I will make you!
→ 나는 널 만들 거다?!
'뭐래? 날 어떻게 만들어? 찰흙으로 빚어?' 하
는 생각이 들죠?
그런데 아직 말이 안 끝난 거였어요.

#I will make you cry!
날 만드는데, cry 하게 만들겠다!
이러면 뜻이 어느 정도 전달됐죠?
'울게 만들겠다~'는 말이었어요.

I will make you cry!
널 울게 할 거야!

상황) 이번엔 피에로 등장.
피에로 = clown [클라운]
* 주의! 크라운 제과는 crown [크라운]
스펠링과 발음이 달라요. crown = 왕관

(하하) 웃어!
> laugh [라*프] <
* 발음 조심. 끝이 gh로 끝나는 것도 f 발음이
에요.
→ Laugh!

상황) 웃지 않자 피에로가 말합니다.
#내가 널 웃게 만들겠다!
→ I will make you laugh!

우리말로 좀 덜 어색하게 바꾸면
내가 널 웃게 하겠다!
→ I will make you laugh!

간단하죠?

왜 사역동사라고 이름 붙였는지 보이세요?
make는 그냥 '만들다'의 do 동사잖아요.
그런데 거기서 끝이 아니라, 뒤에 다른 단어를
하나 더 붙여서 남을 시키게 하는 느낌의 뜻도
될 수 있는 거죠.
그래서 '부려먹다: 사역'이라고 하는 듯싶습
니다.
하지만 나쁜 뜻만 있는 것은 절대 아닙니다.
보세요.

(사랑하는 사람에게)
내가 널 웃게 해줄게.
> 싱긋 웃는 웃음은 smile <
            → I will make you smile.
좋은 말이잖아요. '내가 그렇게 만들겠다'도 어
떤 내용이냐에 따라서 느낌이 달라요.

나랑 결혼해줘!
> marry는 '결혼하다'라는 단어로 do 동사 <
            → Marry me!

내가 널 웃게 해줄게
            → I will make you laugh.

"그래!"라고 말해!
            → Say "yes"!

내가 널 행복하게 해줄게.
→ I will make you~
다음에 어떤 단어가 들어가면 좋을까요?
→ happy!
be 동사 굳이 필요 없어요. 메시지가 그대로
전달되니 바로 단어만 나오면 됩니다.
            → I will make you happy.
뜻이 간단하게 전달되죠?

그럼 기둥만 바꿔치기해서 만들어보세요.
날 행복하게 해줘!
            → Make me happy!
넌 날 행복하게 해.
DO 기둥이죠.
            → You make me happy.

반대로 이런 노래 제목도 있습니다.
You make me sick!
"I am sick!" 하면 아프다는 말인데, 토할 것
같고, 메스꺼울 때도 이렇게 씁니다.
You make me sick!
널 보면 토할 것 같다,
넌 날 토하게 만든다, 이런 뜻이에요. 강하죠?
우리말에 좀 더 자연스러운 번역은
"널 보면 구역질이 나."

이제 연습장에서 만들어보세요.

#A: 날 강하게 만들어주세요!
strong

.... Make me strong, please!

#B: 좋아! 내가 널 강하게 만들어주마.

.... Fine! I will make you strong!

#쟤(남)를 기다리게 하고서 쟤 마음을 바꿔!
wait / mind [마인드] / change

.... Make him wait, and then change his mind!

#쟤(남)가 그녀의 마음을 바꾸도록 내가 만들 수 있어!

.... I can make him change her mind!

#네가 쟤(여) 마음 좀 바꾸게 할 수 있어?

.... Can you make her change her mind?

#넌 어떻게 쟤(남)가 자기 마음을 바꾸게 만드는 거야?

.... How do you make him change his mind?

#내가 쟤네들 (비밀을) 불게 만들게.
talk

.... I will make them talk.

#멍청한 사람들은 항상 나를 화나게 해.
stupid [스튜피드]=멍청한 / people=사람들 / angry

.... Stupid people always make me angry.

#이 작품이 당신을 유명하게 만들 겁니다.
work=작품 / famous [*페이머스]

.... This work will make you famous.

#날 불안하게 만들지 마!
nervous [널*버스]

.... Don't make me nervous!

조금만 더 하고 정리하죠.

가기 싫은 곳에 가야 하는 상황에서 가기 싫다고 말할 때 "Don't make me go"라고 하면, 난 가기 싫은데, 상대가 그렇게 나를 가도록 만들고 있다는 느낌이 강하게 전달됩니다.

다음은 무슨 말일까요?

#Don't make me beg.

날 만들지 말라는 거죠, beg 하게.

beg는 무릎 꿇고 비는 겁니다.

"날 빌게 하지 마."

강한 말이죠. 언제 쓸까요?

부탁을 하는데 상대방이 들어줄 반응을 안 보여서 절박할 때, 이렇게 말합니다.

"날 빌게까진 만들지 마라."

안 들어주면 빌어야 할 정도로 중요한 것이니 그 전에 좀 해주라는 겁니다. 재미있죠?

누군가 나에게 하기 싫은 것을 계속하라고 강요할 때.

#널 이 집에서 나가게 만들 거야!

→ I will make you leave this house!

그런데 상대방이 이렇게 반응합니다.

해볼 테면 해봐!!

이 말은 영어로 간단하게 표현해요.

Make me!

"날 나가게 만들어봐!"라고 하는
거죠. 강한 반응입니다. 날 끌고
나가건 어쩌건 해보자는 거죠.

"배 째!"라는 말과 비슷할까요?

#일해!
→ Work!
#배 째!
→ Make me!

연기하듯
말해보세요.

YOU in GENERAL

4 25
보편적인 대명사

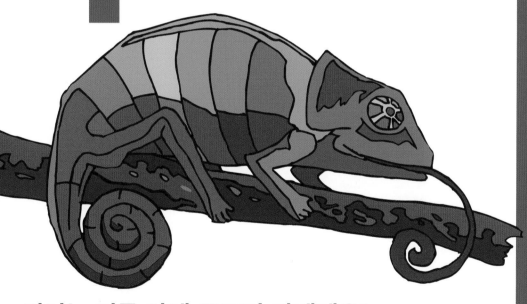

영어는 기둥 앞에 무조건 카멜레온!
카멜레온이 그 문장의 주인 역할이어서
'주어'라고 부른다고 했죠?

#이 붙은 문장은 항상 가이드를 보지 말고 영어로 먼저 만들어보세요.

#너 잔돈 있어?
> 잔돈은 change <
만 원이 몇천 원으로 바뀌어 돌아와서 change.

→ Do you have change?

#너희 둘 계획 있어?
너희 둘은 영어로도 똑같이 you two라고 했죠? 너희 다섯은 you five

→ Do you two have a plan?

자! 그럼 상대 몇 명이 아니라, 전 국민을 상대로 말할 때는요?
#여러분은 저희의 제안을 지지하십니까?
이럴 때 카멜레온은 뭐가 좋을까요?
똑같이 you를 쓰면 됩니다! you는 내 앞에 상대방이 몇 명이건 다 됩니다. 간단하죠?

#여러분은 저희의 제안을 지지하십니까?
> support [써'포트] / proposal [프*로'포절] <
→ Do you support our proposal?

공동주택의 한 집에 살고 있지만 다른 사람에게 살고 있는 건물에 대해 말할 때는,
#우리는 옥상에 작은 텃밭이 있어.
이렇게 건물에 사는 모든 이를 묶을 수 있죠?
영어도 마찬가지입니다.

무슨 기둥? 가지고 있는 것을 계속 가지는 DO 기둥이죠.
> rooftop [*루프탑] <
> extra 텃밭은 vegetable garden / kitchen garden 둘 다 써요.
→ We ( ) have a small vegetable garden~
> extra 어디에? 옥상은 rooftop
          텃밭이 옥상 위에 있는
          것이니 표면에 붙는 껌딱지를 붙이
          면 on our rooftop.
→ We have a small vegetable garden on our rooftop.

상황) 아프리카의 남아공으로 발령이 났어요.
* 남아공에서도 영어를 씁니다. 할리우드 배우 샤를리즈 테론도 남아공 출신입니다. 영국이 점령했을 때 이주한 백인들이 아직 그곳에 사는 거죠. 한국을 전혀 모르는 꼬마 아이가 궁금해합니다.

#한국에는 높은 건물들이 있나요?
옥상의 텃밭이 아니라, 한 나라 안에 높은 건물들이 있느냐고 묻는 거죠. 스케일이 커졌지만 방법은 똑같아요.
→ Do you have tall buildings in Korea?

그럼 한국인인 나는 나까지 포함해서 더 크게 we로 대답하면 됩니다.
#높은 건물들이 많이 있지.
> tall <
→ We ( ) have many tall buildings.

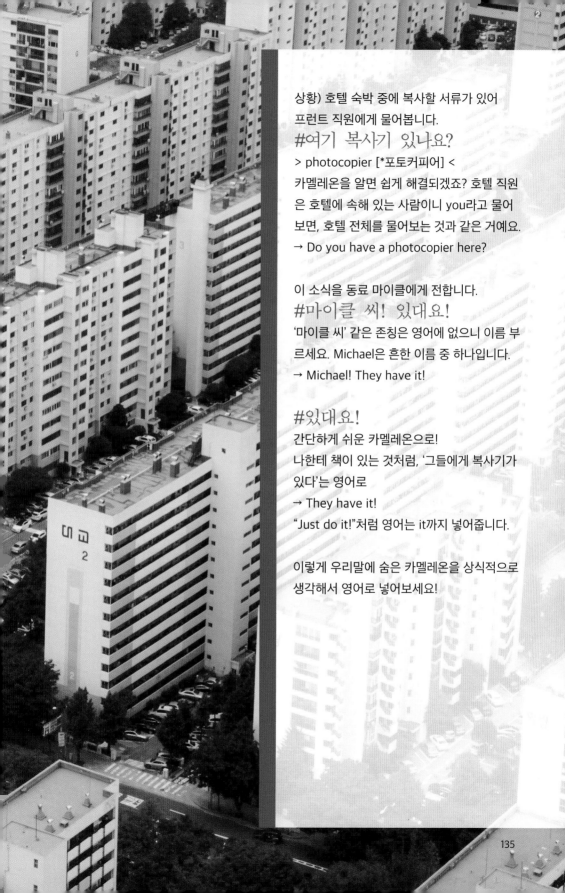

상황) 호텔 숙박 중에 복사할 서류가 있어 프런트 직원에게 물어봅니다.

#여기 복사기 있나요?

> photocopier [*포토커피어] <

카멜레온을 알면 쉽게 해결되겠죠? 호텔 직원은 호텔에 속해 있는 사람이니 you라고 물어보면, 호텔 전체를 물어보는 것과 같은 거예요.

→ Do you have a photocopier here?

이 소식을 동료 마이클에게 전합니다.

#마이클 씨! 있대요!

'마이클 씨' 같은 존칭은 영어에 없으니 이름 부르세요. Michael은 흔한 이름 중 하나입니다.

→ Michael! They have it!

#있대요!

간단하게 쉬운 카멜레온으로!

나한테 책이 있는 것처럼, '그들에게 복사기가 있다'는 영어로

→ They have it!

"Just do it!"처럼 영어는 it까지 넣어줍니다.

이렇게 우리말에 숨은 카멜레온을 상식적으로 생각해서 영어로 넣어보세요!

4²⁶

수량 형용사

some - many - much

#나한테 여행용 영어 회화 책이 있어.

여행에서 필요한 짧은 구절을 배울 수 있는 작은 외국어 책자들 본 적 있죠?
> phrase book [*퍼'*레이즈 북] <
→ I have a phrase book.
'나한테'라고 해서 카멜레온이 헷갈렸던 건 아니죠? 가지고 있는 것은 have로 DO 기둥을 쓴다고 했습니다.

세계에서 가장 큰 여행 책자 출판사는
'Lonely Planet' [론리 플라넷]이에요.
왜 출판사 이름이 **Lonely Planet**
일까요?
Lonely = 외로운 / Planet = 행성
외로운 행성은 어디를 말하는 걸까요?

지구!
지구가 외롭나요? 시커먼 우주 속에서 아무리 멀리 보이는 망원경을 들이대도 이렇게 파란 물에 하늘, 빛 등 오아시스처럼 살기 좋은 행성을 지구밖에 아직은 발견 못 했죠? 완전히 혼자잖아요.

이제 다음 문장을 만들어볼게요.

전 여행 가서 사진을 많이 찍어 올 거예요!

#사진이 '한 장'일 때는?
→ a photo
#제게 오래된 사진이 한 장
있어요.
→ I have **an old photo.**

#너 옛날 사진 되게 많다.
사진이 많을 때는 an을 빼고 **many** [매니]
를 넣으면 끝! 간단하죠?
→ You have many old photos.
an / a는 one, 하나를 말한다고 했죠? 그 자
리를 many로 바꾸는 순간, 많아진 것이죠.
photo가 여러 개이니 1개 이상일 때 뒤에
[즈]를 붙인다고 배웠습니다.
(스텝 02⁰⁸ 참조)

#전 여행 하며 사진을 많이
찍어 올 거예요!
> travel [트*라*블] / photo / take <
→ I will travel and take many photos.

'오너'라는 단어 들어보셨나요? '주인'이란 뜻
입니다. 스펠링은 owner.
뒤에 er을 빼면 own, '소유하다, 내 것이다'라
고 말할 때 사용합니다. have처럼 두비 자리
에서 do 동사로 들어갑니다.
자기 소유라고 말하니 have보다 뜻이 강하게
느껴지죠?

#저희한테 갤러리가 있어요.
→ We ( ) have a gallery.

#저희는 갤러리를 하나 소유
하고 있어요.
→ We ( ) own a gallery.
#In fact, 갤러리를 여러 개
소유하고 있어요.
fact는 '사실'이란 뜻이에요. 'In fact'를 기둥
문장 시작 전에 이렇게 앞에 두면 우리말로는
'사실은, 정확하게 말하면'이란 뜻으로 말할 내
용의 배경으로 깔아주는 겁니다.
다시 영어로 바꿔보세요.

#정확히 말하면, 갤러리를 여
러 개 소유하고 있죠.
→ In fact, we ( ) own many
galleries.
many galleries는 쉽죠?

그런데!
영어는 수를 좋아해서 '셀 수 없는 것'은 따로
분류해요. 그래서 셀 수 없는 것이 많을
때도 다른 단어로 말해줍니다!
영어로 **much** [머취].
'땡큐 베리 머취!'의 그 much 맞습니다!
그럼 같이 해보죠.

#너는 많은 지식을 얻을 수
있어.
'지식'은 영어로?
Hint: know, know는 '알다'라는 단어죠?
지식은 **knowledge** [노울리쥐]
지식은 셀 수 없으니 앞에 a가 필요 없습니다.
#많은 지식
→ much knowledge

#넌 많은 지식을 얻을 수 있어.

> '얻다'는 gain [게인] <

기둥 조심! 항상 얻는 게 아니라, 얻을 수 있다는 가능성을 말합니다.

→ You can gain much knowledge.

#넌 좋은 책들에서 많은 지식을 얻을 수 있어.

→ You can gain much knowledge from good books.

#좋은 책들로부터, 당신은 많은 지식을 얻을 수 있습니다.

보세요! 엑스트라들은 원하면 배경에 둬도 된답니다.

→ From good books, you can gain much knowledge.

카멜레온 - 기둥 - 두비의 위치만 일정하면 엑스트라 위치는 배경으로도 갈 수 있는 거죠.
배우기 편리한 언어 아닌가요?

#나 돈이 많지 않은데.

돈은 셀 수 없죠! much money.

→ I don't have much money.

돈은 셀 수 있지 않나, 하는 분들.
책 한 권처럼 돈 하나 줄 수 있나요? 천 원 한 장? 100원 동전 한 개? 1원?! 이런 것은 셀 수 없는 것입니다. 하나를 꺼내주려고 해도, 양이 안 잡히는 거죠. 우리가 '돈을 센다'고 할 때는 화폐의 개수를 세는 겁니다. 한국은 원, 미국은 달러, 유럽은 유로 등으로요.

CURRENCIES		BUY	SELL
🇺🇸	USD	142.00	143.00
🇬🇧	GBP	185.30	187.15
🇪🇺	EUR	159.40	161.00
	SAR	37.90	38.25
	DHS	38.85	39.20
🇨🇦	CAD	105.85	107.40
🇦🇺	AUS	100.65	101.65
🇨🇳	CNY	21.50	22.00
🇲🇾	MYR	35.00	35.50
🇹🇷	TKR	27.00	28.00

그럼 번역해보세요!

#I don't have much cash on me now.

I / don't / have / much cash / on me / now.

머릿속으로 글을 읽으면서 이미지를 그리세요.

나 많은 현금이 없다는 거죠. on me.
표면에 닿는 on이 들어간 이유는? 우리 돈 있나 확인할 때 손으로 주머니를 만져보죠. 몸에 닿은 곳에 돈이 없는 겁니다.
"현금을 많이 안 가지고 나왔어. 현금이 많이 없어." 이런 말입니다.

#지금 현금이 저한테 많이 없어요.

→ I don't have much cash on me now.

many와 much.
둘 다 그렇게 낯선 단어들 아니죠? 문장들을 다양하게 접하면 간단해집니다.

#나 돈 많이 없는데.

.... I don't have much money.

#너 물 많이 필요해?

.... Do you need much water?

#전 한국 친구들 많아요.

.... I have many Korean friends.

#우리 냉장고에 음식이 별로 없어.

fridge [*프*리쥐] / food

.... We don't have much food in the fridge.

#여자들은 성숙한 남자들을 좋아해.

mature [마'추어]=성숙한

.... Women like mature men.

#여성들은 넓은 어깨를 가진 남자들을 좋아해요.

broad shoulders [브*로드 쇼울덜즈]=넓은 어깨

.... Women like men with broad shoulders.

#많은 여성이 넓은 어깨를 가진 남자들을 좋아하지.

.... Many women like men with broad shoulders.

140

책이 1권일 때는 a book.
책이 많을 때는 many books.

그런데 수가 중요한 게 아니라
그냥 "좀 있다고 말할 때"
1개도 아니고 많지도 않은, 정확한 수는 관심
없고, 그냥 책이 좀 있을 때
그럴 때는
some [썸]을 씁니다.
Some books.

some을 쓰면 더 이상 수는 중요하지 않은 거
예요! 어느 정도! 딱 이렇다 수를 정하지 않는
겁니다.

#책이 많은 건 아니에요.
　　　　→ I don't have many books.
#좀 있어요.
　　　　→ I have some.
#책이 많은 건 아닌데 좀 있
어요.
상반되는 말로 다른 말을 또 연결했으니 연결
끈 → but
→ I don't have many books, but I have
　some.

이미 앞에 books라고 했기 때문에 굳이 뒤에
books를 다시 안 붙여도 되요. some에 다 포
함된 거죠.

#시간　　　　　　→ time
#많은 시간　　　→ much time
#저 시간이 그렇게 많지 않아
요. 죄송해요.
→ I do not have much time. I am sorry.

#내일은 시간이 좀 있어요.
좀 있으니 똑같이 some!
→ I ( ) have some time tomorrow.
내일이라고 해서 곧바로 WILL 기둥 쓴 거 아
니죠? 계속 가지고 있는 걸 말하니 DO 기둥
이에요.

I will have some time tomorrow. 이렇게 말
하면, "내일 시간이 좀 있을 거예요" 이런 말이
되는 거랍니다! 이 말도 틀린 건 아니죠?

메시지 전달은 다양하게 할 수 있습니다.
기둥에서 스스로 설득이 되면 편하게 말하세요!

자! some은 many든 much든 상관없이, 셀 수 있건 없건 양쪽에 다 쓰인다고 했죠?
영어가 외국어인 우리에게 유용한 단어가 될 수 있는 겁니다.
셀 수 있나, 없나 헷갈릴 때는 그냥 some이라고 하면 해결되는 것이 많겠죠. 웬만한 것은 다 대체 가능해질 겁니다.

"조언이 필요해!"라는 말을 하고 싶은데, 조언은 셀 수 있는 거야, 셀 수 없는 거야?
앞에 a를 넣어야 하는지 말아야 하는지 헷갈릴 때도 간단히 "조언이 **좀** 필요해!"라는 말로
→ I need some advice [어드'*봐이스]!
이렇게 하면 양쪽 다 커버된다는 거죠.

덧붙이면 advice, 조언은 셀 수 없습니다. 조언이 보통 '한 가지 말'이 아니잖아요. 어떻게 세겠어요? 상식적으로 생각하면 됩니다.

#내 충고 들어! 후회하지 않을 거야.

> advice / regret [*리그*렛] <
→ Take my advice. You won't regret it!

some으로 연습장을 간단히 하고 정리할게요!

#커피 좀 마시고 싶어!

.... I want some coffee! / I want coffee!

#너 물 좀 마시고 싶어?

.... Do you want some water? / Do you want water?

#돈 좀 빌릴 수 있을까?

.... Can I borrow some money?

#이 빨간색이 여러분에게 에너지를 좀 줄 거예요.
energy

.... This red color will give you some energy.

4.27 부가의문문

Tag 기

꼬리표 질문 스텝!
각 코스에서 배운 새 기둥을
복습할 수 있어 좋은 구조입니다.

이제 DO 기둥과 BE 기둥을 섞어
만들어보죠.
결국은 두비만 제대로 골라내면
어떤 기둥을 써야 하는지도
자동으로 알게 되는 거죠?
Tag 질문은 다른 기둥에서
해봤으니 이제 스스로 해보세요.

#너 사랑에 빠졌구나, 그렇지?

항상 빠지는 게 아니라 지금 현재 상태가 그런 거니까 BE 기둥. 영어는 이 말을 '내가 사랑 안에 있다'고 표현한다고 했죠? 안이란 느낌이 나는 껌딱지를 붙여서 → in love

→ You are in love, 그렇지?

부정으로 뒤집어서 물으면 되죠. → aren't you?

→ You are in love, aren't you?

#내가 너 행복하게 하지?

 내가 → I

평상시에 계속 행복하게 해주는 것이니 → do

 널 만들어주니까 → make

extra 널 → you

extra 행복하게 → happy

→ I do make you happy.

"나 그렇게 하고 있지? 그렇지?" 하려면

→ , don't I?

→ I do make you happy, don't I?

"내 말이 맞지? 틀리지 않았지?"로 묻고 싶으면

뒤에, 'right?'로 질문하면 되죠?

→ I ( ) make you happy, right?

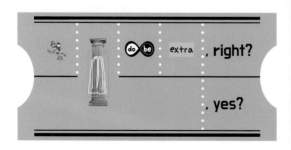

#아니. 아닌데.

→ No, you don't.

#너 나 안 행복하게 해주는데.

→ You do not make me happy.

상황) 스스로를 점검하며 가족에게 묻습니다.

#나 게으르지 않지?

> lazy [레이*지] <

확신이 없어 질문하는 거죠. '나는 게으르다'는 상태인데, 평상시에 게으르냐고 질문하는 것이니 BE 기둥이 들어가면 돼요. 그리고 다시 확인을 받으려 묻습니다.

→ , am I?

→ I am not lazy, am I?

가족이 대답합니다.

#아니, 너 게을러!

기억나세요? 상대방이 게으르면 Yes!

→ Yes, you are!

→ Yes, you are lazy!

영어는 무조건 네가 게으르면 Yes, 아니면 No! 기억하죠?

You are lazy일 경우는

Yes, you are!

You are not lazy일 경우는

No, you are not!

대답하는 방식이 다른 겁니다. 그럼 연습장에서 다양하게 질문하고 답하는 것까지 직접 만들어보세요.

#A: 너 재(남) 안 좋아하지, 그렇지?

....You don't like him, do you?

#B: 어, 안 좋아해.

.... No, I don't.

#A: 너 배고프구나, 그렇지?

....You are hungry, aren't you?

#B: 아니, 안 고파. (신경 써줘서) 고마워.

.... No, I'm not. Thank you.

#A: 흡연 안 하시죠?

....You don't smoke, do you?

#B: 네, 안 합니다.

.... No, I don't.

#A: 너 춥지 않지, 그렇지?

.... You aren't cold, are you?

#B: 아니, 추워!

.... Yes, I am!

#A: 내가 사람들 괴롭히지 않지?
harass [허'*라스]

.... I don't harass people, do I?

#B: 아니, 너 괴롭혀. 진짜로 괴롭혀!

....Yes, you do! You really do!

#A: 네 친구들은 멍청하지 않지?
stupid

.... Your friends aren't stupid, are they?

#B: 그렇죠, 아니죠.

.... No, they are not.

방식은 쉽습니다. 어떤 느낌인지 자꾸 기억하면서 어휘력을 넓히고 입에 붙이세요!

145

4 28

부사

여러분이 이미 많이 아는

very [*베리].

'땡큐 베리 머취!'의 very.

하는 행동이 딱 스포트라이트 같아요.

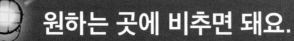

원하는 곳에 비추면 돼요.

이것을 사용하면 강도가 세지는 겁니다.

큰 고래
→ big whale

very big whale
매우 큰 고래로 변하는 거죠.
간단하죠?

나 늦었어!
→ I am late!
이번엔 '늦었다'라는 말을 강조해볼까요?
그냥 late이 아닌 very late!
너 매우 늦었거든!
→ You are very late!

Really? 기억나죠? 뭐가 다르냐고요? 한국어와 비슷하게 생각하세요.

정말 늦었어.
매우 늦었어.

여러분이 이 둘의 차이를 설명할 수 있으면 아는 겁니다.

둘의 느낌, 거기서 거기죠? 말하는 메시지는 같아요. 별 차이 없으니 여러분 마음대로 선택하면 되는 거죠. 하지만!

"너 정말 왔네"라는 말은 할 수 있는데
"너 매우 왔네"라는 말도 할 수 있나요?
못 하죠? 영어도 마찬가지예요.
잘못 써도 이해는 할 수 있지만, 그래도 정확하게 하기 위해 한 번 더 살펴볼게요.

really는 real(진짜 가짜 할 때 진짜)에서 나온 단어입니다. 거짓말이 아니라 '정말'이라는 말이 really입니다. 그래서 강조할 때 "정말이야!" 이렇게 쓰죠.

정말 큰 고래
거짓이 아니라, 정말 크다는 거예요.
→ really big whale

너 정말 마음에 안 들어!
→ I really don't like you!
정말이라는 거죠. 거짓말 아니라는 겁니다.
정말로!
→ Really!

하지만 very는 뭔가 메시지에 힘을 좀 더 강하게 실어주는 것뿐이지 혼자서는 전혀 독립을 못합니다. 누군가 "Very"라고 하면 아무 의미가 없어요.
"뭐? Very 뭐?" 이렇게 듣죠.
말이 안 되니까 아직 말이 안 끝났다고 생각하게 돼요. 항상 뭔가 바로 뒤에 적용되는 단어가 있어야 의미가 생기는 겁니다.
"매우? 매우 뭐?" 이렇게 되는 거죠.

연습장에서 very를 넣어 더 만들어볼게요.

#한국인들은 똑똑해요.

.... Koreans are smart.

#한국인들은 매우 똑똑해요.

.... Koreans are very smart.

#내 친구들은 농구를 해요.

.... My friends play basketball.

#내 친구들은 농구를 잘해요.

My friends play basketball well. /
.... My friends are good at basketball.

#내 친구들은 농구 매우 잘해요.

My friends play basketball very well. /
.... My friends are very good at basketball.

#나 오늘 바빠.

.... I'm busy today.

#나 오늘 매우 바빠.

.... I'm very busy today.

#영어를 잘하시네요.

You speak English well. /
.... You are good at English.

#영어를 매우 잘하시네요.

You speak English very well. / You speak very
.... good English. / You are very good at English.

148

정보　　　　→ information
많은 정보 → **much** information
정보를 하나 달라고 하면 세어서 줄 수 없죠?
그래서 much로 많다고 해주는 거예요.

매우 많은 정보
→ **very much** information
많은 것에 그 양을 더 크게 늘려주는 것일 뿐
복잡하게 생각할 필요 없습니다.
information
much information
very much information

#야아! 너 잘한다!
→ Wow! You are good!
#매우 잘하네!
→ You are very good!
#정말 잘하네!
→ You are really good!

솔직히 이럴 때는 '매우'나 '정말' 서로 뭘 쓰든
메시지가 전달되죠? 영어도 마찬가지입니다.
하지만 really much라는 건 없어요. 어색합니
다. very much랑 잘 다녀요.
"잘 자~"를 "좋은 잠 자~"라고 하면 어색한 것
처럼요. 이해는 하는데, 안 쓰니 어색하게 들
리죠?

#저희에게는 정보가 많이 없
습니다.
→ We don't have **much** information.
→ We don't have **very much** information.
이제 much 앞에 very를 붙이는 순간, 저 말
을 조금 더 강조한 거예요. 많이 없는데, 꽤 많
이 없는 거죠.

#나 너 좋아해.
→ I like you.
#나 너 매우 좋아해.
you 앞에 very를 붙이면 '매우 너'가 되겠죠?!
좋아하는 것은 셀 수 없으니 much를 쓰면 되
는데 많이 좋아하는 것이니 **very much**라
고 해서 기둥 문장 뒤에 넣으면 됩니다.
→ I like you very much.

많은 희망, much hope 같은 것이 아니라, 그
런 행동 자체를 많이 한다고 할 때는 기둥 뒤
에 넣어버리면 간단하게 해결됩니다.

여러분이 이미 많이 아는 말 있어요. 바로?
Thank you very much!
감사하는 것을 많이 한다는 거니까 뒤에 가
는 거죠.

중요한 것은 아니니 말하다 보면 어느 순간 익
숙해질 겁니다. 그럼 이제 마지막 스텝으로
정리하고 이번 기둥은 마무리하겠습니다!

429

혼동되는 단어

D O

BE A

4번 기둥의
마지막 스텝입니다.
길었죠? 많이 쓰는
기둥들인데 워낙 잘못
쓰는 경우가 많아
정확하게 알 필요가
있었습니다.

그럼 이번 스텝은 쉽게 가면서 끝내죠!

Thank you! 다들 아는 말이죠?
고맙습니다! 감사합니다!
《조선왕조실록》에 '감사'라는 말이 있으며 '감사합니다'는 우리말이라고 합니다.

Thank.

이것도 단어죠. 아무 의미 없이 'thank you'로만 쓰는 단어가 아닙니다.
thank는 두비에서 do 동사입니다.
감사하는 마음을 느끼는 상태를 말하는 것이 아니라 "감사합니다"라고 말하는 행동을 뜻합니다.
감사를 표하는 행동. do 쪽이죠.

#가서 그분(남)에게 감사하다고 해.
→ Go - and - thank him.

thank you만 되는 줄 아셨죠? thank는 eat처럼 여기저기 다 사용할 수 있는 일반적인 do 동사입니다. 단어를 제대로 알면 이렇게 자유자재로 사용할 수 있게 돼요. 또 만들어보죠.

상황) 이웃집에 고맙단 인사를 드려야 하는데, 제가 이미 아침 회의에 늦었어요.
#어, 나 지금 바빠서… 나중에 감사하다고 말씀드릴게.
기둥들 잘 고르세요!
BE 기둥과 WILL 기둥이죠. 거기에 맞게 단어만 넣으면 됩니다.
→ Ah, I am busy now. I will thank him later.

151

자! 그러면 thank라는 단어가 do 동사라면
'Thank you!'는 어떤 기둥일까요?
　　do 동사만 달랑 먼저 나왔으니
　　명령 기둥?
　　그러면 Thank! 감사해해라!
　　you? 너한테?
　　이렇게 되겠죠.

　　'Thank you'는 DO 기둥입니다.
　　원래는
　　'I thank you = I ( ) thank you'
　　예요.
　　워낙 자주 쓰니까 I를 생략한
　　겁니다.

왜 DO 기둥이냐고요?
누구에게 고맙다고 표현할 때 그 마음이 그때
만 딱 들고 뒤돌아서면 사라지는 건 아니죠.
보통 고맙다고 할 때는 계속 고마운 거니까요.

정말 감사해서 완전히 예의를 차려 말하고 싶
으면, 생략 없이 기둥 문장 전체로 말해서 감
사 표시를 하기도 합니다.
감사합니다.
→ I ( ) thank you.
(그룹으로) 감사합니다.
→ We ( ) thank you.

감사를 표하면 돌아오는 대답도 다양하죠?
'괜찮아요. 별말씀을요. 에이, 또 부탁하실 것
있으시면 물어보세요' 등등.
영어 대답들도 이미 한 번씩은 접해보셨을 겁
니다.

가장 초반에 배우는
#You're welcome.
무슨 기둥이죠? BE 기둥이죠. 엄밀히 따지면 BE 기둥의 연장선인 다른 기둥인데 간단하게 볼게요.

You're welcome에서 기둥 풀면

You are welcome. 이제 알죠?

You = welcome.

그러면 welcome은 어떤 뜻일까요?

가게 입구에 보면 신발 먼지 터는 매트에 'Welcome'이라는 영어 문구가 자주 쓰여 있습니다.

welcome은 두비 동사 다 돼요.

do 자리에 넣으면 '환영하다'이고

be 자리에 넣으면 '환영받는'이란 뜻으로 바뀌는 거죠. 이래서 위치가 중요해요.

"You are welcome"은 BE 기둥을 사용했으니 "너는 환영받는 사람이다"라는 겁니다.

줄여서 "Welcome!"

#넌 여기 매일 와도 돼. 여기서 넌 항상 환영이야.
> → You can come here every day.

난 환영을 받는 것뿐이지, 제가 뭘 하는 건 아니죠? 상태니 BE 기둥을 써서

> → You are always welcome here.

do 쪽으로 써볼까요?
#전 저분들 집에 머물러 있어도 돼요. 저분들은 항상 저를 환영해주셔서요.
> → I can stay at their house. They ( ) always welcome me.

저분들이 저를 welcome 하는 거죠. '환영해주다~' 두 손 벌려 반기는 행동이 떠오르나요?

그럼 'You are welcome!'은 '환영한다!'라는 뜻인데

왜 'Thank you'에 대한 답이 'Welcome'일까요?

언제든지!라는 뜻으로 사용하는 겁니다.

'언제든지 도움이 필요하면 환영한다, 내가 도와줄 수 있다'라는 뜻입니다.

'감사합니다'라는 말에 대해 이보다 더 좋은 반응이 있을까요?

언제든지 또 저에게 부탁하셔도 환영합니다. 이게 영어가 예의를 차리는 방식입니다.

Thank you.
You are welcome. 말하기 편하게 묶으면?
You're welcome.

이것으로 이번 기둥은 마무리합니다!
두비가 이번 기둥에서 분열되면서 각자의 개성을 살리느라 기둥 구조를 계속 맞춰가며 말했는데
힘들진 않으셨나요?

이제 DO 기둥과 BE 기둥으로 말을 만들 수 있게 되었습니다. 갈수록 다양한 기둥들이 합쳐지면서,
이리저리 왔다 갔다 기둥들을 바꾸며 점프할 수 있어야 하기 때문에 다양한 shifting을 통해 계속
예문들이 제공될 거예요. 갈수록 속도는 빨라질 겁니다.
지금쯤이면 초반 3개 기둥은 만들기가 훨씬 수월해지지 않으셨나요?

이제 다음 기둥에서는 완두콩 3형제를 만날 겁니다. 영어 신문도 읽기 시작할 거고요.
WH 1은 더 화려해져서 더 정신 바짝 차려야 제대로 단어를 끼워 맞출 수 있을 겁니다. 재미있을 거
예요!
그럼 다음 기둥으로 고고!

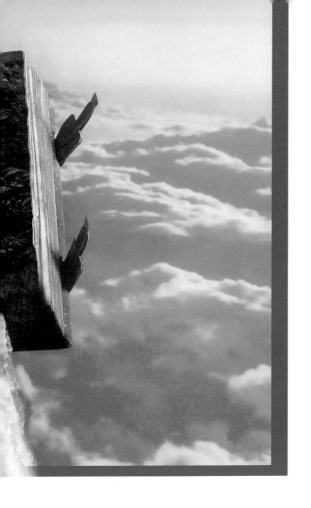

DOES / BE 기둥

5번 기둥은

I (do) thank you!   **DO 기둥**

You are welcome!   **BE 기둥**

이 기둥들의 2탄입니다.

4번 기둥에서는
She, He, It,
My aunt, My brother, My car.
카멜레온 자리에 이 단어들이 하나도 제공되지 않았습니다.
왜냐하면 카멜레온에
She, He, It

이 3총사 중 하나가 들어갈 때는 기둥 소리가 살짝 변하거든요.

이 기둥이 타임라인이 제일 긴 기둥이기 때문에 두비가 자신을 가장 잘 드러낼 수 있는 기둥이라고 했죠. 그래서 좀 특별하게 구는 것 같아요.

I [아이]만 독자적인 게 아니라 **She, He, It** 모두 1명이나 1개죠? 그래서 I 처럼 조금 다르게 씁니다. 간단해요.

[ㅈ]

S

방법은 기둥 뒤를 [즈] 소리가 나게 바꿔주면 돼요.
소리만 바뀌지 **뜻에서 변하는 것은 하나도 없습니다!**
DO 기둥과 BE 기둥만 다 카멜레온에 3총사가 들어가면 [즈] 소리로 끝나게 되어 있습니다. 쓸데없이 사람 피곤하게 하는 것 맞습니다!
뜻 하나 바뀌는 것도 없지만 이해해야 하는 것도 없으니 간단하게 반복해서 입에 익히기만 하면 끝! 그럼 문장 만들면서 시작하죠.

#여러분은 이것을 통달할 수 있습니다.
> '통달하다'는 master <
→ You can master this.

상황) 아침을 굶자 친구가 말합니다.
#A: 네 아침 건너뛰지 마, 어?
> breakfast / skip <
→ Do not skip your breakfast, yeah?
건너뛰다 skip. 그래서 동영상 광고 보면 오른쪽 하단에 skip 버튼 있죠?

대답합니다.
#B: 내가 오늘 바빠서 그래, 보통 아침밥 먹고는 다녀.
먹고 다닌다고 강조하는 것이니 투명 망토를 벗기고 말해보세요.
→ I am just busy today, I do usually eat breakfast.

그럼 이번엔 3총사로 해볼게요.

#우리 아내는 보통 아침을 먹고 다녀요.
반복해서 하는 것이니 기둥은 DO 기둥인데, 우리 아내는 줄이면 she니까 3총사 맞죠.
그러면 DO 기둥에서는 [즈] 소리를 내게 해야 합니다! 그런데 DO 뒤에 그냥 s를 붙여버리면 [도스]로 발음되니까 es를 붙여서 does [더즈]로 만듭니다.
기둥 모양만 바꾸고 나머지는 그대로 내려오면 돼요.

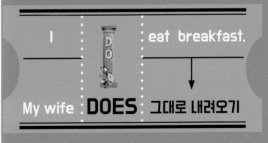

→ I do eat breakfast.
→ My wife does eat breakfast.

자! 그런데 DO 기둥이 투명 망토 쓰던 거 기억나죠? DOES 기둥도 결국 같은 기둥이니까 투명 망토를 씌워줍니다.
DOES 기둥에다 씌워버리기만 하면
I ( ) eat breakfast.
She ( ) eat breakfast.
달라지는 게 없잖아요. **그래서!**

DOES 기둥이 숨어 있다는 것을 보여주기 위해 숨길 때는 그 뒤 두비 자리에 있는 do 동사에 [즈] 소리를 대신 붙여줍니다.
그래서 먹다 eat인데 [즈] 소리를 붙이기 위해 s를 붙입니다.

I	🛇	eat breakfast.
My wife	🛇	eat**s** breakfast.

발음이 [잇즈]면 좋겠지만 eat의 t로 인해 소리가 강해져 [잇츠] 소리가 납니다.
발음은 그때마다 금방 적응될 테니 신경 쓰지 말고 기둥을 숨겼을 때 뒤에 s 붙이는 것에 집중하세요!
어려운 게 아니니 자주 접해 익숙해지기만 하면 됩니다. 바로 만들어보세요.

#우리 할머니는 맨날 욕하셔!
> '욕하다'는 swear [스웨어] <
→ My grandma ( ) always swears!
DOES 기둥 숨겼으니, swear 뒤에 s 붙여서 swears [스웨어즈].

#그것에 욕이나 해버려!
→ Just swear at that!
실력을 늘려볼까요? 문장 보세요.
Just swear at that.
포인트 껌딱지인 at을 붙였죠. 상상이 가세요? 그거에 포인트 해서 swear 하라는 거죠.

이제는 가르쳐주지 않은 문장들이 나와도 스스로 분석해보고, 이 단어는 이래서 이런 껌딱지를 붙이나 보구나, 상상해서 '합리화'한 후 소리 내어 몇 번 빠르게 반복해 자신의 어휘력을 쌓아가는 실력도 키워보세요.

영어를 하는 사람들은 그렇게 계속 혼자서 실력을 늘려나가야 합니다. 하지만 꼭 문장으로 접해야지 단어만으로는 도움이 안 됩니다!

#난 휴식이 필요하다고!
기둥을 빼서 강조할게요.
> break / need <
→ I do need a break!

#쟤(여)는 휴식이 필요하다고!
기둥만 바꿔줘요.
→ She does need a break!

강조를 없애려면? 기둥을 숨기죠!
#쟤(여)는 휴식이 필요합니다.
→ She ( ) needs [니즈] a break.

#난 휴식이 필요해요.
→ I ( ) need a break.

우리 장난감 중에서 한쪽을 밀면 다른 쪽이 올라오고 다른 한쪽을 밀면 다시 반대편이 올라오는 것 알죠? DOES 기둥이 그런 겁니다.

투명 망토를 씌울 때는 뒤의 두비 자리에 s가 나오고, 다시 망토를 벗기면 s는 사라지는 거죠. 자연스러운 겁니다.

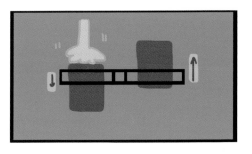 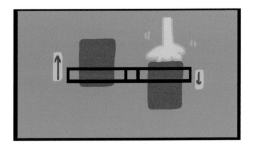

뒤에 s를 붙이고 발음이 바뀌는 것은 버스(bus) → 버스들(buses) 룰과 같은 규칙이니까 금방 적응될 겁니다. 틀려도 다 알아들을 수 있고 연습하면 자동으로 익혀져요.

#재(여) 나 좋아한다.

....She ( ) likes me.

#제 남편은 7시에 일을 시작해요.
husband / start

....My husband ( ) starts work at 7.

#애(남)한테 좋은 의사가 필요합니다.
doctor

....He ( ) needs a good doctor.

#잰(남) 항상 돌아와.
come back

....He ( ) always comes back.

그럼 BE 기둥은 어떨까요?

#난 여기 편해.

> comfortable [컴*퍼터블] <

→ I am comfortable here.

BE 기둥에서는 투명 망토를 씌우는 그런
어이없는 짓은 더 이상 하지 않기로 했죠.
차라리 BE를 바꿔서 나는 특별한 존재이기
때문에 → I am
그리고 나 이외에 나머지는 다
→ are 로 해주었습니다.

하지만 나와 동떨어진 이 3총사는 이 기둥에
서도 역시 다르게 대우해줍니다. She, He, It
모두 나와 연결되지 않고 독자적으로 있으니
그냥 I 에다가 [즈]를 똑같이 붙여서

is [이즈]

She is~
He is~
It is~
발음이 간단하니 당연히 기둥도 묶을 수 있습
니다. 그냥 어포 붙이고 's, She's, He's, It's
생긴 것 빼고 바뀌는 게 하나도 없죠? 만들어
볼게요.

#걱정 마. 나 편안해.

→ Don't worry. I am comfortable.

#걱정 마. 네 아기 편안하게 있어.

→ Don't worry. Your baby is comfortable.

#우리 딸은 키가 크게 자랄 거야.

> grow <

아직 안 크죠. 그러니까 미래 기둥을 써서

→ My daughter will grow tall.

#지금은 쪼끄매!

> small <

누가 쪼끄매요? → She

→ She is small now.

small보다 더 작은 쪼끄맣다는 tiny [타이니]

→ She is tiny now.

어렵지 않죠? 그냥 am이나 are 대신 is로만
벽돌 바꿔치기하면 됩니다.
떠올리기 쉽게 기둥 A 밑에 I를 넣었습니다,
is [이즈].

#네 친구는 운이 좋네.
lucky

....Your friend is lucky.

#그분(남) 매우 유명하셔.
famous [*페이머스]

....He is very famous.

#걔(여) 헬스장에 있어.
gym [짐]

.... She is at the gym.

#Tom(남)은 뉴욕 출신이에요. 제 제일 친한 친구죠.
best friend

....Tom is from New York. He is my best friend.

#부인분이 마음이 넓으시네요! (후하시네요.)
generous [제너*러스]

....Your wife is generous! / She is generous!

#이것은 운명이다.
fate [*페이트]

....This is fate.

기둥에 [즈]를 붙이는 것! 워낙 영어의 기본인 만큼 안 쓰면 순간 귀에 거슬
리긴 하지만 뜻이 변화되지는 않으니 마음 편하게 연습하며 익숙해지세요!
좀 더 높은 레벨의 새로운 스텝들을 밟으면서 이 [즈] 붙이는 연습을 같이 할
겁니다. 재미있을 거예요.

#다음 스텝에서 뵐게요!

→ I will see you at the next step!

5 02

부사

Too

문장을 바로 영어로 바꿔보세요.

#이것은 쉽답니다.

이것 = 쉬움

무슨 기둥이죠? 행동이 아니니 BE 기둥이죠?
대신 카멜레온이 this니까 3총사 중 하나인 it
에 포함되는 겁니다. 상식적이죠?

→ This is easy.

#매우 쉬워요.

→ It is very easy.

앞에서 very 배웠죠. 계속 만들어보세요.

#날씨가 덥네요.

→ The weather is hot. / It's hot.

hot은 사람에게 쓰면 '섹시하다'라는 뜻입니다.
상황) 대학교에 갔더니 멋진 교수님이 계세요.

#저 교수님 너무 hot 하시다!

BE 기둥으로 쓰면 되고 He니까 3총사 중
하나죠.

→ That professor is very hot!

이제 새로운 표현 들어갑니다.

잘생겼는데, 좀 심하게 잘생겼어.

그래서 집중을 못 해서 공부에 도움이 안 돼.
그럴 때는 very를 빼고 그 자리에 **too**를 넣
습니다!

→ That professor is **too** hot.

very hot 대신 too hot을 쓰면 너무 hot 해서
좋지 않다로 전달됩니다. 간단하죠?

#네 인생을 낭비하지 마.

> life / waste <

→ Don't waste your life.

#인생은 너무 짧다.

→ Life is too short.

very short보다 too short을 쓰면 뜻이 훨씬
더 강해지죠?

#많은 사람들
→ many people

#많은 요구들
> demand [디'만드] <
→ much demand

요구는 몇 개라고 수량이 나오지 않으니 셀 수
없어서 much.

#너무 많은 사람들
→ too many people

#너무 많은 요구들
→ too much demand

Howard Baldwin, Contributor

FOLLOW

Forbes

IT Staff: Too Much Supply Or Too Much Demand?

미국 경제 전문지《포브스Forbes》의 기사 제목을 읽어보죠.
#IT Staff: Too much supply Or Too much demand?
한국은 IT 강국이다, 이런 말 들어봤죠?
staff는 직원. IT는 줄임말인데 어떤 말의 줄임말일까요?
Information Technology [테크놀로지]
정보 기술. 앞의 낱말만 떼어서 IT.
정보 기술이란 뜻으로 컴퓨터 산업이라고 생각하면 됩니다.

Too much supply Or Too much demand?
너무 많은 [서'플라이] 아니면 너무 많은 [디'만드]?
단어를 모를 땐 이렇게 영어로 읽으세요!
그러면 아는 단어에서 대충 뜻이 전달되면서 supply와 demand가 이 문장을 이해하기 위한 중요
한 단어라는 걸 알게 됩니다. 그렇게 해서 메시지를 이해하기 위해 알아야 하는 단어부터 찾으면 되
는 겁니다.

너무 많은 공급 혹은 너무 많은 요구?
경제 관련 기사이니 '요구'보다 우리말에 어울리는 단어로 '수요'가 좋겠죠? 통역이나 번역을 할 때 이렇게 어울리는 말로 바꾸는 것은 한국어를 잘하는 여러분들의 몫입니다.

'요구'와 '수요'를 영어에서는 같은 것으로 보고 한 단어로 쓴다는 것도 알게 됐죠? 지금은 까먹을 수 있지만 자주 사용되는 영어 단어라면 다른 글에서 다시 접할 테니 괜찮습니다.

#너무 걱정 말아요!
→ Don't worry too much!

연습

#내 컴퓨터는 너무 느려.
slow

.... My computer is too slow.

#네 머리 너무 커.
head

.... Your head is too big.

#잰(남) 너무 어리잖아.
young

.... He is too young.

#우리가 뭘 할 수 있겠어? 너무 늦었어.
late

.... What can we do? It is too late.

503

ly 부사

실전 영어에서 정말 많이 쓰는 말인데

많은 분이 어떻게 사용해야 하는지조차 모르는

actually[악츌리 / 액츌리]!

actually는 우리말로 정확한 번역이 없습니다. 사전에 뜻이 있긴 하지만, 실제 우리말에서는 단어 대신 얼굴 표정이나 억양으로 나타내지 따로 정해진 단어를 사용하지는 않거든요.

예를 들어 우리는 뜨거울 때 "앗 뜨거워!"라는 말이 백이면 백 반사적으로 나옵니다.
영어는 이와 같은 상황일 때 자동으로 사람들이 다 쓰는 통일된 말이 없습니다.
이처럼 같은 상황이라고 해서 각 언어에 다 정해진 말이 있는 것은 아닙니다.

상황) 직장인을 영어로 office worker라고 하죠. 이 office worker가 자신은 우울하지 않다고 말해요.
#난 우울하지 않아.
> miserable [미저*러블] <
　　　→ I am not miserable.

그런데 다시 생각해보니 아닌 것 같기도 해요. 그래서 방금 말한 것을 번복합니다. 그럴 때 쓰는 말이 actually!
"흠… 다시 생각해보니, 잘 모르겠다."
"흠… 다시 생각해보니"라는 말 전체가 actually가 되는 거죠.

#흠… 다시 생각해보니, 잘 모르겠다.
> sure <
　　　→ Actually, I am not sure.
이럴 때 모른다는 것은 지식이 없어서 모르는 것이 아니고 확신이 안 든다는 것이라 영어는 "I am not sure"로도 잘 말합니다.

예문을 더 살펴볼게요.

상황) 남자가 여자에게 말합니다.
#넌 날 원하지 않는구나.
'원하다'는 사람이라면 다 하는 거니까 do 동사 → want
　　　→ You don't want me.

하지만 여자는 그 남자를 원해요. 그러니 정정해줘야죠.
#아닌데, 널 원하는데.
간단히 actually라고 말하면 방금 말한 것에 정정할 것이 있다는 뜻이 됩니다.
　　　→ Actually, I ( ) want you.
강하게 강조하면
#아니거든, 나 너 원하거든.
　　　→ Actually, I do want you.

이번 문장은 이전 스텝에서 배운 겁니다.
#저 교수님 정말 핫 하시다!
　　　→ That professor is very hot!

그런데 다시 보니, 집중이 안 될 정도로 hot 해요. 자신이 말한 것을 곧바로 정정합니다.
#아니, 너무 hot 하시네. (도움 안 되게)
　　　→ **Actually**, he is too hot.
actually 하나로 방금 한 말 정정~ 쉽죠?

#A: 너 행복해?

.... Are you happy?

#B: 응. 행복해. 아니, 사실은 안 그래.

....Yes, I am happy. Actually, I am not (happy).

#재(여) 똑똑하다. 아니 다시 생각해보니
쟨 너무 똑똑해.

.... She is smart. Actually she is too smart.

#A: Adam이 저 여자애 안 좋아하잖아!

.... Adam doesn't like that girl!

#B: 아니, 좋아하는데.

.... Actually, he does.

#정답은 '돈'입니다. 아니다, '사랑'입니다.

.... The answer is money. Actually, it is love.

#저 중국인 아닌데요. 전 한국인입니다.
Chinese [차이니즈]=중국인

.... I'm not Chinese. Actually, I am Korean.

#저 남자 나이가 많은데. 아니, 나이가
너무 많네.
guy [가이]=남자

.... That guy is old. Actually, he is too old.

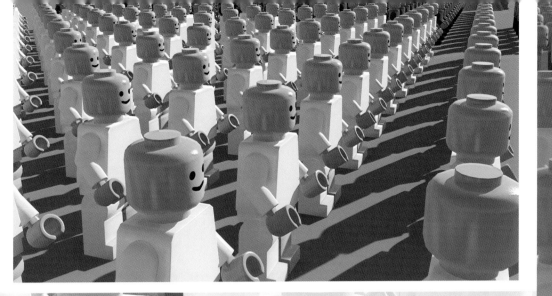

상황) 새 직원을 채용했다는데 젊은 분이 보여요.

#A: 새로 온 직원이신가요?

> staff <

→ Are you the new staff?

#B: 아니, 전 새로 온 상사인데요.

> boss <

→ Actually, I am the new boss.

#A: 아! 죄송합니다.

→ Ah, I am sorry.

#B: 아, 괜찮아요, 걱정 마세요.

→ Ah, It's okay. Don't worry.

다른 반응도 하나 접해보죠. 걱정 말라는 말 대신,

#B: Don't sweat it! It happens.

무슨 뜻일까요?

> sweat [스웻]=땀을 흘리다 / happen=일이 일어나다 <

우리 상대방에게 실수하고 긴장해서 땀날 때 있죠?

'Don't sweat it!'은 난 괜찮으니 방금 일로 긴장해서 땀 빼지 말라는 겁니다.

It happens는 DOES 기둥이죠? 이런 일들은 누구에게나 일어날 수 있다고 말하면서 이해한다는 말입니다.

그럼 이제 말한 후 정정할 때 쓰는 'actually'를 넣어가며 연습해 보세요!

504

전치사

껌딱지! 작지만 정말 많이 사용되는 것!

그중 자주 쓰는 껌딱지들은 몇 개 안 남았답니다.

이번에 배울 것은 **of** [오*브]

가장 쉽지 않은 껌딱지! 천천히~ 들어가볼게요.

상황) 밖이냐, 안이냐 물어서 답합니다.

#안이에요. 안, 속. 영어로?

→ It is inside, inside.

대화 도중에 들어온 제가 묻습니다.

무슨 속? 어디 안쪽?

Inside~

속은 속인데.

한 번 더 들어가서 풍선 속!

~ **of** a balloon!

of는 이런 껌딱지입니다. 말을 한 후에 설명하려 한 번 더 들어간 거예요. 안인데, 한 번 더 들어가서, 어디 안?

풍선 안! → Inside of a balloon!

inside는 inside 인데,
한 번 더 들어가서
of a balloon

of를 '~의'로 외우는데 읽을 때는 괜찮지만 말할 때는 어색해요. 한국말은 '풍선의 속'이라 안 하고 보통 '풍선 속'이라고 하잖아요. 또 우리말은 변형까지 많아 of를 저렇게만 외우면 사용을 못 하게 됩니다.

그래서 대개는 실수로 어포를 쓰려고 하죠.

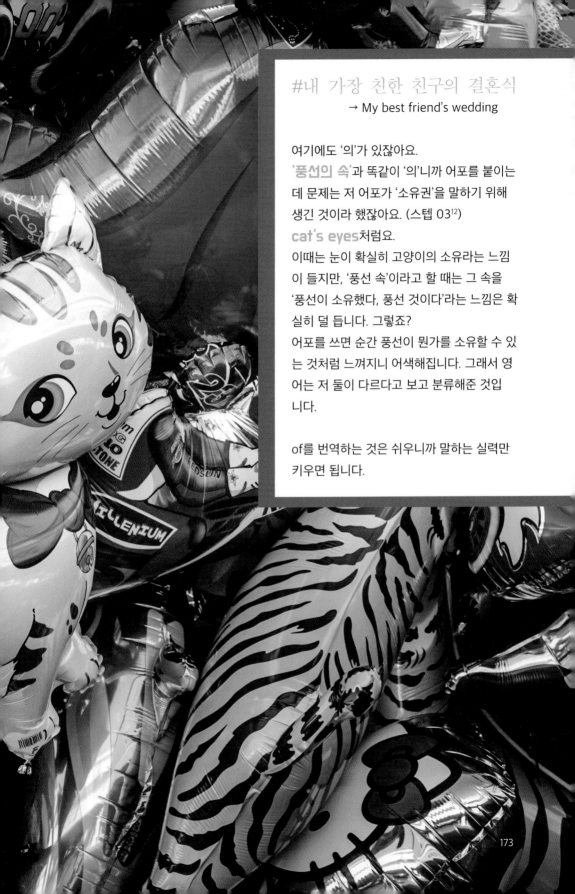

#내 가장 친한 친구의 결혼식
→ My best friend's wedding

여기에도 '의'가 있잖아요.
'풍선의 속'과 똑같이 '의'니까 어포를 붙이는
데 문제는 저 어포가 '소유권'을 말하기 위해
생긴 것이라 했잖아요. (스텝 03[12])
cat's eyes처럼요.
이때는 눈이 확실히 고양이의 소유라는 느낌
이 들지만, '풍선 속'이라고 할 때는 그 속을
'풍선이 소유했다, 풍선 것이다'라는 느낌은 확
실히 덜 듭니다. 그렇죠?
어포를 쓰면 순간 풍선이 뭔가를 소유할 수 있
는 것처럼 느껴지니 어색해집니다. 그래서 영
어는 저 둘이 다르다고 보고 분류해준 것입
니다.

of를 번역하는 것은 쉬우니까 말하는 실력만
키우면 됩니다.

한국어를 배우는 외국인이
우리 부인 사진 VS. 우리 부인의 사진
한국어에서 이 두 말의 차이점을 묻습니다.
"똑같아"라고 답하고 싶지만 잘 구분해야 합니다.

#My wife's photo
사진은 와이프의 소유이지만 정작 그 사진에
와이프 얼굴은 없고 물고기만 있을 수 있는 겁니다.

우리 개가 찍힌 '개 사진'이라고 말하고 싶을
때 그냥 My dog photo 하면 개와 사진이 따
로 있는 것이고, My dog's photo라고 하면 개
가 소유한 사진이 됩니다.

of로 직접 분류해서 만들어보죠.
사진이긴 사진인데. → A photo~
한 번 더 들어가서 그 안에 개가 있다.
→ of my dog
→ A photo of my dog

#우리 강아지 사진
> → A photo of my dog

#내 고양이 사진
> → A photo of my cat

모델의 얼굴이 들어가 있는, **#모델 사진**
사진은 사진인데, 한 번 더 들어가서 모델이
있는 사진
> → A photo of a model

그런데 이 사진이 모델 게 아니라 사진작가 카
메라로 찍은
#사진작가의 사진이면?
> photographer [*포'토그*라*퍼]
> → A photographer's photo

카테고리로 분류하기를 좋아하는 영어에서 이
of는 참 유용하겠죠?
카테고리라는 것이 큰 범주가 있고, 그 안에
더 자세히 들어가서 소속되어 있는 것을 나누
며 분류하는 거잖아요?

회사 안에서는 직위를 분류하죠. 다양한 직위들이 있고 그 직위들은 카테고리로 나뉘어 회사에 소속되니 of 잘 쓰이겠죠? 만들어봅시다!

부장 general manager [제너*럴 매니저]
manage는 '관리하다'라는 단어.
manager는 관리자 스타일인 거죠.
general은 일반적인 것을 뜻해서 general manager는 한 섹터가 아닌, 전반적인 것을 관리한다는 의미입니다.

#저는 이 회사의 부장입니다.
부장은 부장인데, 어디 부장인 거예요? 이 회사죠.
~ of로 말한 후 this company.
→ I am the general manager of this company.

상상해보세요. 자신을 소개할 때 '부장'이라는 직위가 먼저지, 회사가 먼저 오지 않잖아요. 그래서 영어는 '부장'이라는 말을 먼저 해주는 겁니다. 부장이라는 명찰을 달고, 그다음 어디 소속이라는 것을 말해주는 거죠.
거꾸로 생각하는 것이 아니라 중요한 것부터 먼저 말하고 다음 정보를 말하기 위해 어울리는 껌딱지를 붙인 것뿐입니다. 더 해보죠.

이사 director [다이*렉터/디*렉터]
direction [다이*렉션] 방향
director는 결국 방향을 정하는 사람인 거죠.

#저 여성분이 같은 회사의 이사님이십니다.
The director라는 명찰을 달고,
→ That lady is the director.
같은 회사 소속이라고 자세하게 한 번 더 말해주려면 → of the same company
→ That lady is the director of the same company.

#내가 감독이야.
→ I am the director.
무슨 영화? **이 영화** → of this movie
→ I am the director of this movie.

세상 모든 것의 감독이 아니라 이 영화의 감독
→ of this movie

한국은행은 우리나라를 대표하는 은행이죠?
영어로 표현하면, Bank라는 명찰 달고, 어디에 속해 있죠? 한국에, of Korea~
→ Bank of Korea

#저기가 한국은행이에요.
→ That is Bank of Korea.

Bank of Korea

지폐를 보면 영어로 'Bank of Korea'라고 쓰여 있습니다.
우리는 '한국의 은행'이라고 부르지 않죠?
그냥 Korean bank라고 하면, 한국에 있는 은행 중 아무 은행이나 뜻하게 됩니다.
my photo와 마찬가지인 셈이죠. 내 사진 중 아무것이나 되는 거예요.

of는 어딘가 소속된 느낌. 방금 말한 것에 대해 한 번 더 자세하게 설명할 때!

#Sun Tzu.
읽어보세요. 뭘까요? 대문자로 시작하니 특별 명칭이고, 둘 다 나란히 있으니 사람 이름
일 가능성이 큽니다. 선주?

《손자병법》의 그 '손자'랍니다. Sun Tzu
손자는 사람 이름이고, 《손자병법》은 영어로 뭘까요?
#병법 영어로 뭐가 어울릴까요?
'법'은? → law인데 말이죠.

병법을 사전에서 찾아보면 이 두 단어가 나옵니다.
'전략' → strategy [스트*라테지]   '전술' → tactics [탁틱스]

그렇다면 《손자병법》은 영어로?
                              → The Art of War
art는 '기술'이란 뜻도 있답니다. 영어는 단어 재활용을 많이 하죠?

컴퓨터 게임은 전략에 신속성까지 필요로 합니다.
유명한 컴퓨터 게임 중 LOL [롤]
'League of Legends' [리그 오브 레전즈]의 줄임말이죠.

League는 스포츠 '리그' 할 때 그 '연맹'을 말합니다.
저 게임 안에 리그가 있는 거죠. 그런데 아무 리그가 아니라 한 번 더 설명해주고 있죠.
~ of Legends에 속하는 리그인 겁니다.
Legend는 전설. 뒤에 [즈]가 붙었으니, '전설들'인 거죠.

리그는 리그인데, 스포츠 리그가 아닌, 전설들의 리그란 뜻입니다.
'League of Legends'에서 앞의 한 글자씩만 따서 LoL이 된 겁니다.

이제부터 of를 볼 때는 꼭 앞에서부터 번역해나가면서 이미지를 그려보세요.
리그는 리그인데, 한 번 더 들어가서, 전설들의 리그.
이제 연습장에서 좀 더 만들어보세요.

#《셜록 홈스》의 작가
writer [*롸이터]

.... The writer of *Sherlock Holmes*

#《셜록 홈스》의 작가가 Arthur Conan Doyle이에요.
[아서 코난 도일]   The writer of *Sherlock Holmes*
.... is Arthur Conan Doyle.

#이건 사진이에요.

.... This is a photo.

#이게 나랑 내 쌍둥이 형이 나와 있는 사진이야.
twin [트윈]=쌍둥이 / brother
.... This is a photo of me and my twin brother.

#너한테 지도 있어?

map

.... Do you have a map?

#너한테 도시 지도 있어?

city [씨티]

.... Do you have a map of the city?

#여러분은 이 협회에 등록할 수 있습니다.
institute [인스티튜트]=협회 / enroll [엔*롤]=등록하다
.... You can enroll at this institute.

#여러분은 이 사진 협회에 등록할 수 있습니다.
photography [*포'토그*라*피]
.... You can enroll at this institute of photography.

번역 한 번 더 해보고 끝내죠.

#Logo of the Office of the Prime Minister of Canada

of 진짜 많이 쓰죠? 영어는 이게 가능해요.
로고인데 / 한 번 더 들어가서, 오피스 로고 /
또 들어가서, Prime Minister는 수상. 수상의
오피스 로고 / 또 들어가서 캐나다.

→ 캐나다 수상의 오피스 로고.
of를 번역할 때는 항상 이렇게 앞에서부터 번역
하면 됩니다.
office는 사무실 말고 공직도 됩니다. 사무실
로 들어가서 일을 하긴 하죠? 공무원은 public
officer. 공공을 위한 officer인 거죠.
그럼 복습하면서 감도 잡고 속도도 올리세요.

부정문 NOT

DO 기둥과 BE 기둥을
이미 했기 때문에
[즈]로 변하는 것에만
익숙해지면 됩니다.

#난 짧은 치마 안 입어.

난 → I
계속 안 입는 거니까 do 기둥
→ do not

월 안 해요? 입는 걸 안 하는데 '입
다'는 → wear

extra 월 안 입어요? 짧은 치마
→ a short skirt
→ I don't wear a short skirt.

주어만 바꿔보죠.

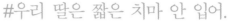

#우리 딸은 짧은 치마 안 입어.

누가요? 우리 딸이 → Our daughter
평상시 안 입고 다니는 거니까 do 기둥인데,
딸은 she이므로 does로 바꿔서 → does not
나머지는 그대로 내려오면 돼요.
→ Our daughter does not wear
a short skirt.

비교하면서 바꿔보세요.

#걔네들 여기 없네. 어디 있는 거야?

→ They are not here. Where
are they?

#네 지갑 여기 없어.

> wallet [월렛] <
3총사 중 하나죠. It이니까 → is not
여기 → here
→ Your wallet is not here.

안 복잡하죠? NOT은 항상 세 번째! 그럼 연습
장으로 들어갈게요.

180

#A: 너희 어머니 무섭다.
scary [스케어*리]

....Your mother is scary.

#B: 아냐. 안 무서우셔.

....No, she is not scary.

#서울은 위험한 도시가 아니야.
dangerous [데인저*러스] / city

....Seoul is not a dangerous city.

#쟤네한테 비밀 있어?
secret [씨크*릿]

....Do they have a secret?

#A: 아이라이너 있어?
eye-liner

....Do you have an eye-liner?

#B: Alice한테 있어. 걔한테 물어봐.
ask [아스크 / 에스크]

....Alice has it. Ask her.

#A: 휴가 즐겁게 보내세요!
holiday / enjoy

....Enjoy your holiday!

#B: (정정하면서) 사실 이건 휴가가 아닌데요.

....Actually, this is not a holiday.

쉽죠? 이제 이전 스텝에서 배운 of 껌딱지랑 함께 해볼게요.

《반지의 제왕》

영국 작가 Tolkien [톨킨]이 1954년에 출간한 3부작 소설로 세계 3대 판타지 소설로도 꼽히는 책. 영화로도 나왔죠?
영어로는 **The Lord of the Rings.**
Lord [로드]는 신, 왕같이 섬기는 사람을 부를 때 쓰던 말입니다.
The Lord of the Rings.
제왕인데 / 반지들의 제왕인 거죠.

1편 #The Fellowship of the Ring

서로 비슷한 목적이나 비전을 지닌 사람들이 함께 모여서 이루는 유대감을 fellowship이라고 해요.
우리말 번역은 '반지 원정대'
of가 들어갔는데 '~의'가 안 보이죠?

2편 #The Two Towers

쉽죠? 2개의 탑.

3편 #The Return of the King

return은 돌아오는 겁니다. 그런데 the return이니 '돌아옴, 귀환' 이런 말이 어울리겠죠? 귀환인데, 한 번 더 자세하게 들어가서 왕의 귀환인 겁니다.

The Lord of the Rings:
The Fellowship of the Ring (2001) [film]
Directed by P. Jackson

우리 누나한테 《반지의 제왕》 책이 있어.
My sister ( ) have~인데 바꿔야겠죠?
여기서는 haves가 아니라, 좀 더 간단하게
has!
→ My sister has the *Lord of the Rings*.
책 이름이니 대문자로!

그런데 책을 확인하더니 말을 바꾸네요.
#아니다. 그거 아니다!
그 책이 《반지의 제왕》이 아니라는 거죠.
→ No, it's not!

#It is Lord
of the Flies

제왕 / 파리들의?
flies는 날아다니는
파리들이죠?
이것이 바로
《파리 대왕》입니다.
《파리 대왕》은 영국 작가 윌리엄 골딩이
1954년에 출간한 책입니다. 노벨문학상을 받
았으며 《타임》지가 현대 영어 소설에서 톱
100권 중 하나로 선정한 책이랍니다.

《파리 대왕》 Lord of the Flies
of가 들어가는데 여전히 '파리의 대왕'이라고
안 하죠?
그리고 같은 Lord를 다르게 번역하는 것도 보
이죠.
The lord of the Rings 제왕
Lord of the Flies   대왕
번역에 얽매이지 말고 영어를 영어로 보면 오
히려 모든 것이 쉬워집니다.

그럼 마지막으로 of를 다르게 접해볼게요.

상황) 동료가 상사를 무서워합니다.

#A: 저분(여)은 나를 무섭게 해.

> 겁을 주다=scare [스케어] <

 저분은 여자니까 → She

 항상 무섭게 하는 것이니 DO 기둥인데 she니까 → DOES

→ scare

→ She does scare me. / She ( ) scares me.

#B: 그래? 나는 무섭게 안 하는데.

→ Yeah? She does not scare me.

184

난 저분 무서워.

자! 내 상태가 무서워하는 거죠. 이렇게도 말합니다.

→ **I am afraid of her.**

afraid는 '무서워하는'이란 뜻으로, 상태를 말합니다. 내 상태가 afraid 하는데, 모든 것이 다 afraid 하는 것이 아니라, 한 번 더 들어가서, 무엇을 afraid 하는지 말하니 of를 붙여주는 거죠. 다음 문장에서 적용해보세요.

#전 거미가 무서워요.

→ I am afraid of spiders.

#저희 누나는 새를 무서워해요.

→ My sister is afraid of birds.

#전 말벌이 무서워요.

> 벌은 bee, 말벌은 wasp [워스프] <

→ I am afraid of wasps.

다음 문장은 무슨 뜻일까요?

#My friend is afraid of heights.

내 친구는 / 겁내 하죠 / heights [하이츠]를?
height는 '키, 높은 곳'이란 뜻이에요.
고소공포증이 있다는 말을 영어는 이렇게도 자주 말합니다. 혹은

#Fear of heights

fear는 공포. 왜 of가 붙는지 이제 이해되죠?

#제 여자친구는 그 위에 못 올라가요.

→ My girlfriend can't go up there.

#고소공포증이 있어요.

→ She is afraid of heights.

→ She has a fear of heights.

그러자 옆에서 여자친구가 속삭이며 말합니다.

#그건 너고.

→ That is you.

#난 높은 곳 안 무서워.

→ I am not afraid of heights.

어때요? NOT은 세 번째 자리에 들어가고 of는 하다 보면 감이 잡힐 겁니다.
이 기둥들도 당연히 묶을 수 있습니다.
does not을 묶으면 doesn't [더즌트]
is not을 묶으면 isn't [이즌트]

#저 아이는 너 안 무서워해.

→ That kid isn't afraid of you.

풀어~!

묶어~!

묶는 것은 기둥들이 빨리 나오면 자연스럽게 하게 될 겁니다. 그럼 복습으로 반복해서 연습하세요!

혼동되는 단어

재미있게 놀아!

영어로 하면요?

Have fun!

많이들 알죠? 일하려는 사람에게도

"Have fun!"이라고 할 수 있어요. **fun**은

즐거움이 있는 '재미'를 뜻하거든요.

즐겁게 일하라는 거죠.

하지만 **funny**는 웃긴 겁니다.

fun과 헷갈려 하는데, funny는 웃겨서

재미있는 겁니다. 비교하면서 만들어보세요.

#역사는 재미있어.

> history <

역사 공부를 제대로 하면 재미있지만 깔깔거리는 재미는 아니죠.

→ History is fun.

#그 농담 정말 재미있다.

농담은 웃긴 것이니 funny

→ That joke is really funny. / That joke is very funny.

#재(남) 진짜 웃기다.

.... He is very funny.

#이 작업이 쉽지는 않을 거지만 그래도 재미있을 거예요.
work / easy

.... This work will not be easy, but it will be fun.

#이거 재미있다.

.... This is fun.

#이 만화책 진짜 웃기다!
comic [코믹]

.... This comic is really funny!

번역해보세요.

#Life is funny, but not ha-ha funny.
→ 인생은 웃겨, 그런데 ha-ha 웃긴 게 아닌 거지.

ha-ha funny라는 말은 농담으로 잘 씁니다.
정말 재미있을 때는 웃으며 하하 해서 ha-ha지만 어처구니가 없어서 웃음이 날 때는 not ha-ha
funny라고 말합니다.
인생도 아이러니가 있어 웃기지만, 웃겨서 웃긴 funny는 아니라는 거죠.
피에로도 보면 ha-ha funny 스타일은 아니죠?
다음 문장을 영어로 바꿔보세요.

#피에로 좋아하세요?
> clown [클라운] <
→ Do you like clowns?

#피에로 재미없어요!
→ Clowns are not funny.

#제 친구는 피에로를 무서워해요.
→ My friend is afraid of clowns.

#친구분이 피에로 공포증 있으세요?
> 공포증은 phobia [*포비아] <
→ Does your friend have a clown phobia?

#'포비아'는 강한 비이성적인 공포증을 말합니다.
> irrational [이'*라셔널] / fear [*피어] <
'이성적'은 rational [*라셔널]
'비이성적'은 앞에 ir [이]를 붙인 겁니다.
Phobia is = 강한 비이성적인 공포
→ Phobia is a strong irrational fear.

서양은 사람들이 느끼는 공포증에 명칭을 붙여 많이 분류해놓았습니다.
예를 들어 fear of clowns 하면 공포는 공포인데, 피에로를 두려워하는 공포입니다. 전문용어도 따로
있습니다.
homophobia [호모*포비아]는 동성혐오증, 동성공포증이라 부릅니다. 단순히 동성애자라는 이유
로 무조건 싫어하며 격한 반응을 보이는 사람을 homophobe [호모*포브]라고 부른답니다.

#저희 할머니는 동성애혐오자 아니에요!
→ My grandmother is not a homophobe!

#저희 할아버지는 인종차별주의자가 아니에요!
'인종차별주의자'는 racist [*레이씨스트]
→ My granddad is not a racist!
'인종차별'은 racism [*레이씨즘]이고,
외국인을 무조건 혐오하는 것은 xenophobia [*제노*포비아]로 뉴스에서 쉽게 접할 수 있는 단어
입니다.

#너 이거 무서워해? 그거(무서워하는 거) 웃기네!
→ Are you afraid of this? That is funny!

#웃기지 않거든!
→ It's not funny!

fun과 funny의 차이점을 생각하며 직접 다양한 기둥으로 만들어보세요!

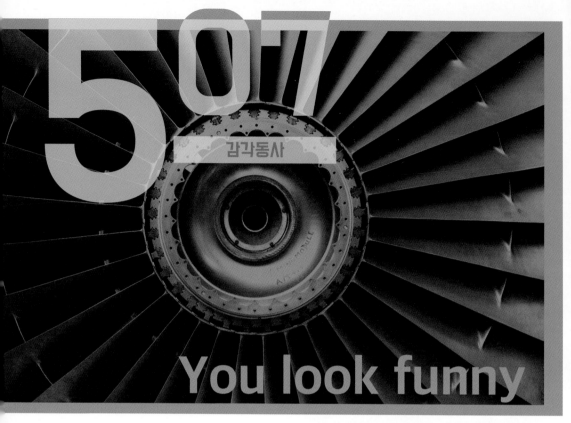

507

감각동사

You look funny

이번엔 우리말도 똑같아서 어려운 것이 없어요.
영어로 바꿔보세요.

#이 기계 비싸다.
> machine [머쉰] / expensive [익스펜씨*브] <
기둥을 잘 고르세요. 비싼 건 행동이 아니니까
BE 기둥으로 가면 되죠?

→ This machine is expensive.

이번에는 기계가 비싼지 싼지 모르겠는데
비싸 보여요.
더 이상 BE 기둥의 등식(=)이 성립되지 않고
그렇게 보이기만 하는 거죠.
영어로는 This machine looks expensive.
이렇게 말합니다.

이 기계 비싸다

= expensive

  expensive

look이 나왔지만 포인트 껌딱지 at 안 보이죠?
기계가 어딜 바라보는 게 아니니 at이 불필요한
겁니다. 상식적으로 보면 됩니다.
또 영어로 바꿔보세요.

#넌 건강해!
→ You are healthy!

#너 건강해 보인다.
→ You ( ) look healthy.
마찬가지예요. '넌 = 건강하다'가 아니라 그렇
게 보인다고 말하는 거죠.

190

눈의 '감각'이 그렇게 느껴지는 것에 대해 말할 때는 이런 식으로 씁니다.

이번엔 '코'로 가보죠.
이거 냄새 맡아!
→ Smell this!
smell은 내가 코로 냄새를 맡는 행동이에요. "Smell your hand!"라고 하면 지금 바로 할 수 있죠?

이번엔 냄새를 맡는 것이 아니라, 그냥 냄새가 날 때! 똑같은 단어를 사용합니다.
너한테서 냄새난다.
→ You smell.
네가 냄새를 맡는다는 것이 아니라, 네가 냄새를 풍기고 있다는 겁니다.
그러면 그걸 어떻게 알까요? 상황을 보고서요.
아무 내용 없이 "You smell"이라고만 말하면 상대가 향수를 제작하는 사람이 아니고서야 대부분 반복적으로 냄새를 맡는 상황은 없으니까 '냄새가 난다'라고 알아듣는 거죠.

집에 왔는데, 가스 냄새가 나요.
가스 냄새나!
→ I can smell gas!

너 냄새나!
→ You smell!

나 냄새 안 나!
→ I don't smell!

너한테서 좋은 냄새 난다.
→ You smell nice.

너 완전 냄새나!
> 고약한 냄새는 stink [스팅크] <
→ You stink!

너 입 냄새 완전 고약해!
> breath [브*레*스]=입김[숨] <
→ Your breath stinks!

이번에는 혀의 감각을 볼게요.
이거 맛 좀 봐봐!
> '맛보다'는 taste [테이스트] <
→ Taste this!
맛이 어떤지 혀로 느껴보라는 겁니다.

이거 너무 짜다!
> '짜다'는 salty [쏠티] <
→ This is too salty!

이거 너무 짠맛이 난다.
→ This tastes too salty.

이제 '귀'를 한번 볼까요?

#들어봐! → Listen!

#네 목소리가 안 들려.

굳이 목소리라고 따로 말할 필요 없이 you로 간단히 해결.

→ I can't hear you.

listen과 hear 차이 공부했죠? 하지만!

#너 목소리가 아프게 들리네.

목소리를 듣는 것이 아니라, 소리가 나는 거죠.

sound로 씁니다. 기억하세요.

→ You ( ) sound sick.

You are sick, 너 = 아프고

You sound sick, 너 아프게 들리는 거죠.

서로 다른 겁니다. 실제 안 아플 수도 있잖아요.

네 상태는 멀쩡하니까 BE 기둥을 안 쓰고, 그렇게 감각이 작동을

한다고 해서 DO 기둥을 쓰는 것뿐입니다.

마지막 감각! 촉각! 피부가 느끼는 거죠.

피부는 온도도 느끼죠?

#추워.

→ It is cold.

#추운 것 같아. 춥게 느껴져.

느끼는 것은 feel로 가면 됩니다.

→ It feels cold.

#눈 감고 이거 만져봐.

→ Close your eyes and touch this.

#이거 걸쭉한 느낌이 나!

> '걸쭉하다'는 mushy [머쉬] <

→ This feels mushy!

연습장에서 섞어 말해보세요.

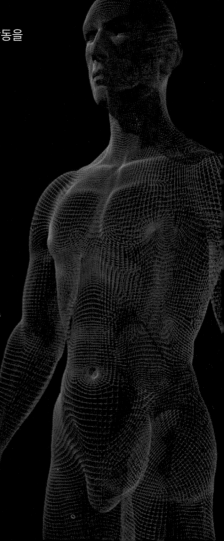

#1. 쟤(여) 매우 어리다.
young [영]

....She is very young.

#2. 쟤(여) 정말 어려 보인다.

....She looks really young.

#커피 냄새 좋다.

....The coffee smells good.

#1. 난 멍청해.
stupid

....I am stupid.

#2. 멍청이가 된 기분이야.

....I feel stupid.

#이거 맛있어 보인다.
good [굿]=(질적으로) 좋은

....This looks good.

#이거 맛있다.

....This tastes good. / This is good.

5 08

STILL

영어로 바꿔보세요.

#나 여기 있어.
> → I am here.

#나 아직 여기 있다고!
I am **아직**? '아직'은 영어로 **still** [스틸]
아직 여기 있어. '**여전히. 계속. 지금**'도 다 still.
still은 날치라서 기둥 앞뒤 다 올 수 있지만 편하게 한 자리만 친해져보죠! 기둥 뒷자리.

#그분(여) 여기서 여전히 일하거든요!
> → She does still work here!

#그분 여기서 여전히 일하세요!
> → She still works here.

하나 더 만들고 바로 연습장 갑시다.

#코에 눈썹 붙으셨어요.
> nose / eyelash <
You~ 다음에 영어는 그냥 '갖고 있다'라고 합니다. 그래서 have가 와요.
> → You have an eyelash on your nose.

#아직도 거기에 있어요.
> → It is still there.

#걔(남) 아직 학교에 있어요.

school

.... He is still in school.

#우리 시간 없어. (정정하며) 아니, 아직 있네.
우리 아직 시간 있어!

time

We don't have time. Actually,
.... we still do. We still have time!

#우린 여전히 친구야.

.... We are still friends.

#잰(남) 여전히 똑같은 음악 듣는다.

.... He still listens to the same music.

#영국은 날씨가 똑같아. 여전히 바람 불고
여전히 비가 오지.

England / weather / same / windy / rainy

The weather is the same in England.
.... It is still windy and it is still rainy.

#1. 우리 늦었지, 그렇지?

....We are late, aren't we?

#2. 우리 여전히 늦었지, 그렇지?

.... We are still late, aren't we?

#우리 할아버지는 지금도 같은 동네에 사세요.
town

.... My grandfather ( ) still lives in the same town.

#너 여전히 나 좋아해?

.... Do you still like me?

#저희 남편은 여전히 같은 차 몰고 다녀요.

.... My husband still drives the same car.

날치는 위치를 옮겨 다닐 수 있어서 복잡해 보이는 것뿐입니다. 그리고 이 복잡한 설명은 한국식 문법 설명의 문제가 아니라 영어 원어민이 설명해도 복잡합니다.

보통 책에서 still은 문장 가운데 들어오면 된다고 설명하지만 가운데가 어디인데 싶죠? 기둥 앞이나 뒤면 됩니다! NOT인 부정 문장은 기둥 앞에 오게 하는 것이 편합니다.

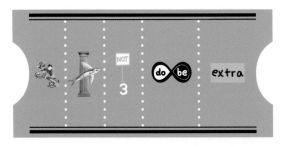

만들어보세요.
#난 이해가 안 가.
→ I don't understand.
#여전히 이해가 안 가.
→ I still don't understand.
아예 기둥 앞으로 자리를 잡았죠? Don't 기둥에 스포트라이트를 비추기 위해 앞에 놓는 것 같아요. 연습을 더 해보죠.

#1. 그분(여)은 농담을 이해 못 하서.

조건: get을 사용 / joke

.... She doesn't get the joke.

#2. 그분은 여전히 농담 이해 못 하서.

.... She still doesn't get it.

#아직도 이해가 안 돼. 그걸 다시 나한테 설명해줘.

understand / explain [익스플레인]=설명하다

I still don't understand.
.... Explain it to me again.

#아직도 답을 모르겠어.

answer [안썰] / know

.... I still don't know the answer.

#내 아들은 여전히 내 말을 안 들어.

.... My son still doesn't listen to me.

#걔(남)는 여전히 문을 안 잠가.

door / lock [럭]=잠그다

.... He still doesn't lock the door.

#난 지금도 그 별명 안 좋아해. 나 그렇게 부르지 마.

nickname [닉네임]=별명 / call

.... I still don't like that nickname. Don't call me that.

#네 앵무새는 여전히 말을 안 하는구나.

parrot [페*럿]

.... Your parrot still doesn't speak.

연습

BE 기둥은 짧아서 소리의 밸런스를 위해서인지 기둥 뒤로 자주 가지만, 날치니까 위치는 편하게!

#애(남) 아직도 여기 안 왔어! (BE 기둥으로)

.... He is still not here!

#여전히 그건 내 문제가 아니야.
problem [프*러블름]

.... That is still not my problem.

#아직 확신이 안 서.
sure

.... I'm still not sure.

#재(남) 아직도 준비 안 됐어.
ready

.... He is still not ready.

#아직 안전하지 않습니다.
safe

.... It is still not safe.

영어에서 가장 자주 접하는 것을 위주로 연습하고 있지만
여러분이 다른 곳에서 혹시 날치 위치가 움직인 것을
본다면 뜻은 같으니 그러려니 하고 소리 내서 읽어보세요.
헷갈리지 않아도 됩니다.

#나가!
> → Get out!
#내 방에서 나가!
Get out 한 다음 한 번 더 자세하게 들어가니
> → of my room!
→ Get out of my room!

제3자가 말합니다.
#그건 심하다.
> harsh [할쉬]는 사람 마음을 다치게 할 만큼
'심하다~'라고 표현할 때 쓰는 말입니다. <
> → That is harsh.

못되게 군 이유를 설명하지만 여전히 설득이
안 되고 심했다고 느껴질 때, 우리는 "아무리
그래도…" 이렇게 말하죠?
영어로는 "Still…"이라고 합니다. 앞에 배경처
럼 까는 거죠.

#아무리 그래도, 그 말은
심해.
> → Still, that is harsh.
배경을 깔았으니 콤마를 찍어준 거예요. 쉼표
인 거죠. 이유가 간단하죠?

하나만 더 해볼게요.

#미안한데, 그래도 그 사람한
테는 돈 못 빌려줘.
> person / lend <
> → I am sorry, but I still can't
> lend that person my money.

#난 그 사람 안 믿어.
> trust <
> → I don't trust him.
trust는 행동이니까 두비에서 do 쪽입니다.

그랬더니 누군가 그 사람의 상황을 설명하기
에 한참 더 들었는데도 여전히 설득은 안 되
었어요.
#그래도 난 안 해.
WILL을 안 하겠다는 거죠?
> → Still, I won't do it.

다양하게 쓰이죠?
이제 연기하듯 복습하면서 속도를 올려보세요!

509

Y/N Q
DOES IS

질문 방법은?
1번 2번 뒤집기!
모든 영어 구조가 다
똑같아요! 바로 만들죠.

#저 사람이 그쪽 여자 친구예요?

여자 친구냐고 하는 거니까 행동 아닌 BE 기둥 → Is

Is she도 되는데, 사람을 포인트 하는 거여서 Is that도 됩니다. this랑 that은 사람도 됩니다.

→ Is that your girlfriend?

#매우 운이 좋은 분이네!

좋은 분의 '분'은 예의 칭호죠. 영어로 '분'은 사람을 말할 때 woman, man, lady, guy 등 그 사람에 맞는 것으로 쓰면 됩니다.

→ You are a very lucky guy!

상황) 아는 분 회사에 구경을 갔는데, 배가 고픕니다.

#저 배고픈데.

→ I'm hungry.

#안 고프세요?

→ Aren't you hungry?

이렇게 해도 되고 줄여서 써도 돼요.
Aren't you?

#이 건물에 간이식당이 있나요?

> 간이식당은 cafeteria [카*페테*리아] <
'있다'는 '가지고 있다' have로 만들면 되죠.
→ Does this building have a cafeteria?

상황) 음악을 작게 틀고 운동 중인데 옆에 책 읽는 사람이 있어 마음이 쓰입니다.

#A: 실례지만, 음악 신경 쓰이시나요?

> bother [버*더]라는 단어는 '신경 쓰이게 하다, 귀찮게 하다'라는 뜻의 do 동사입니다. 음악이 책 읽는 사람을 신경 쓰이게 하느냐 묻는 거죠. <
→ Excuse me, does the music bother you?

그 사람이 대답합니다.

#B: 아뇨. 전 괜찮아요.

> mind를 do 자리에 not과 함께 넣으면 음악이 있어도 마음이 갈 정도로 신경 쓰이지 않는다는 뜻입니다. <
→ No, I don't mind.

실제로 다 자주 쓰이는 것들이에요. 다시 만들어보세요.

#A: 실례지만, 음악 신경 쓰이시나요?
#B: 아뇨. 전 괜찮아요.

#아기는 건강한가요?
healthy

.... Is the baby healthy?

#(여성을 보면서) 행복해 보이지 않아?

.... Doesn't she look happy?

#걔(남)는 바닥에서 자?
floor / sleep

....Does he sleep on the floor?

#이게 정상인가요?
normal

.... Is this normal?

#네 와이프는 일해?

.... Does your wife work?

#걔(남) 술 마셔?

.... Does he drink?

#이게 네 베개야?
pillow [필로우]

.... Is this your pillow?

#너희 형 시 써? 시인이셔?
poem [포엠] / write / poet [포엣]=시인

.... Does your brother write poems? Is he a poet?

202

YN Q는 쉬우니
껌딱지 of를 더 탄탄히
하면서 가보자고요.

상황) 친구의 비서가 친구에게 쩔쩔맵니다.
#네 조수(여)가 너 무서워하
냐?
> secretary [쎄크*레터*리]는 전문 비서 느낌
이고, 요즘은 '도와준다'는 느낌으로 assistant
[어'씨스턴트]라는 명칭을 더 자주 접합니다.<
→ Is your assistant afraid of you?

우리 afraid에서 of 썼죠? 다 무서워하는 것이
아니라, 무엇을 무서워하는지 한 번 더 들어가
서 설명하는 거였죠? 비슷한 것을 좀 더 만들
어볼게요.

#난 네가 자랑스럽다.
> proud [프*라우드] <
모든 것이 자랑스러운 것이 아니라, '네'가 자
랑스러운 겁니다. 그러니 한 번 더 들어가서
→ I am proud of you.
#(언니한테) 형부는 언니 문
제를 인지하고 있는 거야?
> aware [어'웨어]는 인지하고 있는 상태를
말해서 BE 기둥으로 씁니다. <
→ Is he aware of your problem?

YN Q를 연습하면서 다른 스텝도 응용하며 같
이 해봤습니다. 여러 번 말로 만들면서 익숙해
지세요!

5¹⁰

한정사

ship은 보통 큰 배를 말합니다.
many ships
이미지를 떠올려보세요.
많은 배가 떠오르죠.

a ship
이번엔 어떤 이미지가 떠오르세요?

배 한 척.
그럼 하나 더 해볼까요?

No Idea

no ship

a ship일 때는 한 척이었지만 no ship 하면 아예 존재 자체가 없다는 겁니다. '없다'는 말을 할 때 영어는 이렇게도 잘 쓴답니다. 어렵지 않죠?

문법 설명이 헷갈리게 나올 때가 있어서 살펴보고 갈게요.

'바다에 배들이 잔뜩 떠 있다.'
머릿속에 many ships가 떠올려지죠?
직접 바다로 가봤더니 배들이 한 척도 없어요.

No ships

many 대신 no가 들어갔지만 이번에는 ships라고 해서 s를 붙였죠?
이것은 ships를 예상했는데 없었기 때문에 "배들이 없네~"라고 말해준 겁니다.
No ships.

누가 저 보고 배 한 척을 만들래요.

#배 한 척 만들어라.

→ Build a ship.

make란 말을 써도 틀리지는 않아요. 다만 배나 건물, 다리처럼 쓰러지지 않도록 복잡하고 정교하게 만들어야 하는 것은 build를 쓴다고 했죠?

#난 배 못 만들어.

→ I cannot build a ship.

이 말은 이렇게도 가능하답니다.

→ **I can build no ship!**

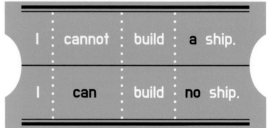

이 구조는 한국어에는 존재하지 않지만 영어는 단어들로만 벽돌 바꿔치기를 하기 때문에 구조상 가능한 겁니다.

I can build. 지을 수 있다는데 ~ **no ship.** 배 자체가 없는 거죠.

다시 말해 지을 배 자체가 없기 때문에 배를 못 짓는다는 겁니다. 구조로 인해 이런 말이 가능하니 재미있죠?

#우린 내일 시간이 없을 거야.

→ We will not have time tomorrow. 혹은,

→ We will have no time tomorrow.

시간 자체가 아예 존재하지 않을 거라 말하는 거죠.

#난 거기에 친구들이 한 명도 없어.

....I have no friends there.

#재(남)는 옷이 전혀 없어.

.... He has no clothes.

#어느 학생도 이것을 좋아하진 않습니다.
Hint: 누가 좋아하지 않죠? 어느 학생도.

....No students like this.

#우리 오늘 시험 없다.
exam [이그'*젬]

.... We have no exam today.

#애(여) 아이디어가 하나도 없네! (애 전혀 모르네.)
idea

.... She has no idea!

#1. 난 누구지?

.... Who am I?

#2. 재(여) 내가 누군지 전혀 모르네!

.... She has no idea who I am!

#저희는 올해에 순이익이 하나도 없습니다.
net profit [넷 프*로*핏]=순이익

....We have no net profit this year.

#쟤가 네 여자 친구라고?

→ She is your girlfriend?

#No way!

무슨 뜻일까요? way는 길인데, 길이 없다고 하네요.
"말도 안 돼!"라고 할 때 잘 쓰는 말입니다!
No way. 말이 논리적으로 이어질 길 자체가 없다는 겁니다.

#말도 안 돼!

상황) 회사 대표가 혼자서 일을 다 한다는 말을 듣고,

#저 대표가 이것을 혼자서 한다고?

 저 대표가 → That CEO

항상 하는 것이니 DO 기둥. 대신 CEO니까
DOES 기둥인데 보통 숨기므로 → ( )

 (일을) 다 '한다'는 두비에서 do. 기둥을 숨기면
→ does

extra → this

extra → alone

→ That CEO ( ) does this alone?

#말도 안 돼!

→ No way!

#고통 없이 얻는 것은 없다. 유명한 말이죠.

영어로는 어떻게 말할까요?
> pain / gain은 '이익, 이득'이란 뜻 <

→ No pain, no gain.

영어 버전을 김연아 선수의 좌우명으로 접한 분들도 있을 겁니다.
pain 자체가 존재하지 않고
gain 자체가 존재하지 않는 거죠.

그럼 이번 스텝에서 배운 것들을 적용해서
주위를 관찰하며 다양하게 만들어보세요.
모르는 단어들이 있으면 사전에서 찾으세요!

5¹¹

nothing [낫*씽]
보면, no + thing으로 만들어진 단어입니다.

thing [*씽]
어떤 단어가 떠오르지 않거나 모를 때 thing으로
대체할 수 있어서 우리에게 유용한 단어랍니다!

처음 봐서 아예 명칭 자체를 모르거나
말하다가 갑자기 명칭이 생각 안 나서 "그거 뭐더라…" 하며
말할 때 있죠.
특히 아무래도 외국어 할 때 이런 일이 더 자주 생기잖아요.
이럴 때 유용한 단어가 thing입니다.

예를 들어 모기에 대해 말하고 있는데 외국인이 이렇게 말합니다.

저...정체불명의
저거

That thing

#모기는 못 듣죠. 귀가 없잖아요.
> 모기=mosquito [모'스키~토] <
→ Mosquitoes can't hear. They don't have ears.

근데 나도 모기에 대한 정보가 있어요.
(정정해주면서) 어… 모기는 더듬이로 소리를 감지할 수 있어요.

자, 이 말을 영어로 해보죠.
방금 한 말을 정정해주는 거니까 Actually, 하고 말하면 돼요. → Actually,

 모기는 → mosquitoes

할 수 있으니까 → can

 '감지하다'는 → detect [디'텍트]

 뭘 감지해요? 소리 → sounds

extra 뭐로? 더듬이로. 그냥 붙이면 '소리 더듬이'가 되죠? 껍딱지가 필요해요. → with their

그런데 더듬이가 걸리네요. 어… 더듬이…
더듬이가 영어로 뭔지 알 수가 없어요. 이럴 때는 영어를 할 줄 아는 상대방을 사전처럼 쓰면 돼요.

Mosquitoes can detect sounds with their

things. 라고 말하면서 손가락을 머리에 대고 더듬이처럼 표시해주면 됩니다. 그러면 그 things라는 말을 상대방이 상상하게 되죠.

더 자세히 설명해주려면 things **on their head**까지 덧붙이면 돼요.
그럼 듣는 사람이 바로 그 부분을 이해하고 단어를 알려줄 겁니다. 거의 자동 반사예요.
상대방이 영어로 반응합니다.
#Ah, you mean 'antennae'.
　　　→ 안테나 말하는 거군요.

안테나? 우리 이 말 알죠? 이럴 때는 곧바로 반응하면 돼요.
#아, 안테나. 정말요? 이게 안테나예요? 재미있네요.
　　　→ Oh, antennae! Really? These are antennae? That's funny.
그러면서 다시 정리하면 되죠.
#네. 모기는 안테나로 소리를 감지할 수 있어요.
　　　→ Yes, mosquitoes can detect sound with their antennae.
그러면 외국인은 여러분이 더듬이를 몰랐다는 것은 신경 안 쓰고 모기가 안테나로 소리를 듣는다는 그 정보에 신기해하겠죠. 이런 것이 외국어로 하는 소통 방법 중 하나입니다.

하나만 더 해볼게요.
우리 숨을 내쉴 때 이산화 탄소를 배출하죠?
알고 확인차 질문하니 Tag로 해도 되죠?
We breathe out… 말했는데 다음에 이산화 탄소가 영어로 뭔지 모르겠어요. 이럴 때 간단하게 thing으로 말하면 된다는 거죠.

→ We breathe out this thing.

그런데 상대방이, "Air?"라고 물어오네요.
이럴 때는 "아니," 하고 좀 더 설명하면 돼요.
아니, 산소 들이마시고, 이거 배출하는데!
> oxygen [옥씨젼] <
→ No, we breathe in oxygen and we breathe out this thing!

그럼 듣고 있는 사람이 뭘 말하려 했는지 예상하고 알려줄 겁니다.
→ **Carbon dioxide** [카본 다이'옥싸이드]?

어! 그래 그거야!
→ Yes! That is it.
카본 뭐?
→ Carbon what?
다시 이렇게 물으면 다들 대답해줍니다.
"Carbon dioxide."
카본 다이옥사이드. 어 그거, 고마워.
→ Carbon dioxide. Yes, that's it. Thanks.

이렇게 thing을 쓰면 모르는 명칭을 대체하면서 대화를 진행할 수 있어요. 그러면 상대방이 내가 까먹었던 단어를 알려주면서 어휘가 늘 수 있죠.
thing은 외국어를 하는 사람뿐만 아니라 실제 원어민들도 대화하다가 상당히 자주 씁니다.
그러니 쓰는 데 어색해하지 마세요.
원어민들이 쓰는 상황을 직접 만들어보고 연습장으로 넘어가죠.

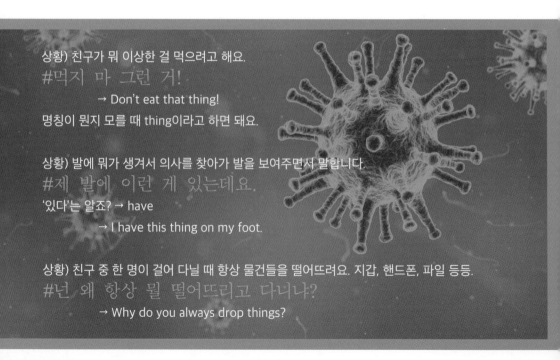

상황) 친구가 뭐 이상한 걸 먹으려고 해요.
먹지 마 그런 거!
→ Don't eat that thing!
명칭이 뭔지 모를 때 thing이라고 하면 돼요.

상황) 발에 뭐가 생겨서 의사를 찾아가 발을 보여주면서 말합니다.
제 발에 이런 게 있는데요.
'있다'는 알죠? → have
→ I have this thing on my foot.

상황) 친구 중 한 명이 걸어 다닐 때 항상 물건들을 떨어뜨리려요. 지갑, 핸드폰, 파일 등등.
넌 왜 항상 뭘 떨어뜨리고 다니냐?
→ Why do you always drop things?

212

(상황: 레스토랑에서 주문하는 중)

동료: I will have Ricotta Bruschetta.

#음… 나도 그거 먹어볼래. 저도 똑같은 걸로 할게요.

.... Hmm, I'll try that, too! I will have the same thing.

#A: 저분(남) 뭐 하세요? (직업)

.... What does he do?

#B: 저분은 팔아요, 이것저것을.
sell

.... He sells things.

#A: 스카치테이프 있어?
scotch tape

.... Do you have a scotch tape?

#B: 아니, 근데 이런 건 있어.

.... No, but I have this thing.

#A: 아, 블루택. 사용해도 될까?
blue tack

.... Oh, blue tack. Can I use it?

#이거 어떻게 사용하는 거야?

.... How do I use this thing?

#A: Kelly 씨 괜찮은가요? 다운되어 보이시던데.

.... Is Kelly okay? She looks down.

#B: 가족 일이 있대요.
family

.... She has a family thing.

5 12

영어로 바꿔보세요.

#이 마이크 켜져 있나요?

BE 기둥으로 간단하게 껌딱지 쓰면 되죠?

→ Is this mic on?

머릿속으로 turn 생각하면서 고민하셨나요?
현재 상태를 말하는 거니까 BE 기둥에 껌딱지
를 사용하면 해결돼요. 간단하죠? 여러분도
자꾸 껌을 붙여보세요. 유용하답니다.

켜져 있을 때는 on.
on이 표면에 닿아 있는 느낌의 껌딱지라고 한
다면 반대로 표면에서 떨어지는 느낌의
껌딱지는 뭐였는지 기억나세요?

off [오*프]

전기 회로를 눌러 닿게 해서 불을 켜면 on,
다시 떼어내서 불을 끄면 off.

#이거 꺼져 있어요!
> → This is off!

#마이크 좀 켜주실 수 있어요?
> → Can you turn the mic on, please?

#TV 끄지 마!
> → Don't turn / the TV / off!
> = Don't turn off / the TV! 둘 다 됩니다.

끄지 마!
TV를 반복 안 하고 it으로 할 때는 꼭 중앙에만 써야 해요.
Don't turn / it / off! 지금 10번 소리 내어 말해보세요!
Don't turn it off! x 10번

다음 문장을 한번 봅시다.

#쟤네들 봐.
> → Look at them.

#또다시 사귀네.
간단하게, back으로 만들 수 있어요.
> → They are back together again.

둘이 사귈 때 They are together라는 말 잘 쓴다고 했죠? 함께인 거죠.
다시 사귀니 They are back together.

쟤네들은 사귀었다 깨졌다 사귀었다 깨졌다 해.
이 문장을 보통 어떻게 말하는지 봐요.
→ They are on and off, and on and off.
재미있죠? on이라고 하는 건 버튼이 켜진 거죠.

뭔가 실행하는 것을 on 한다고 하기 때문에
이렇게도 쓰이는 거예요.
'사귀자'는 실행 시작 on.
'깨자'는 버튼 끄듯이 off.
다시 반복하니 버튼 켜서 on.
다시 끄면 off.
They are on and off, and on and off.

상상하면서 다시 만들어보세요.

#쟤네들 봐. 또다시 사귀네. 쟤네들은 사귀었다 깨졌다 사 귀었다 깨졌다 해.

→ Look at them. They are back together
   again. They are on and off, and on and off.

#애들이 마음을 못 정해.

They can't~ 다음에 '마음을 정하다'는 '마음
을 make up' 하다 → make up their minds
→ They can't make up their minds.

#네 마음을 정해! 할 때는 명령으로

→ Make up your mind!

#Decide!

[디'싸이드]는 '결정하다'이니 "결정해!"라고
명령하는 거죠.

"마음을 정해!"가 'make up'이라니 전혀 생각
지 않은 단어가 나오죠?

친구나 애인과 싸우고 나서 화해할 때도
make up 했다고 합니다. 화해하면서 더 나아
진 거죠.
Make up!

#옷 벗어!

> '벗다'는 take off <

→ Take off your clothes!

#옷 입어!

wear와는 달라요! 우리가 옷을 몸에 걸치는
행동은 'put on'이에요. put은 '놓다', on과 함
께 써서 몸 위에 놓는다고 하는 겁니다.

→ Put on your clothes!

#Keep off the grass.

공원에 쓰여 있는 문구예요. 왜 keep일까요?
지금 내 발이 잔디밭에 붙어 있지 않고 잔디밭
에서 off 되어 있잖아요. 그것을 계속 유지하
라는 겁니다.
Keep off / the grass.

→ 잔디에 들어가지 마세요.

번역!
That food is off.
그 음식 = off ?
음식이 off 되면 상했다는 겁니다.

그거 상했어! 먹지 마!
→ That is off! Don't eat it!
우유 상했어! 그거 마시지 마!
→ Milk is off! Don't drink that!

상황) 누군가 계속 노크를 하면 귀찮겠죠. 누군가 계속 나를 퉁퉁 치며 귀찮게 굴어요. 그럴 때는 이렇게 말해요,

Knock it off!
의역은? "그만해! 그만 쳐대!"

그만해!
→ Knock it off!
그냥 "Stop it!"이라고 할 수도 있겠죠.

이거 너무 비싸네!
→ This is too expensive!
바가지잖아!
It is 다음에 '바가지'는 영어로?
a rip-off [*립 오프]라고 해요.

rip은 '찢다'라는 뜻인데,
rip off 하면 붙어 있는, 다시 말해 on이 되어 있는 것을 off 하는 것이니 '찢어내다, 뜯어내다'라는 뜻이 됩니다.
같은 단어를 명사로 쓰면? '바가지'가 되는 거죠.
→ This is a rip-off!

do 동사로 써볼까요?
관광객들에게 바가지 씌우지 마세요.
→ Don't rip off / the tourists.

그들한테 바가지 씌우지 마!
→ Don't rip / them / off!
줄임말인 them, it 등은 꼭 중앙에 들어간다고 했습니다. 다시 바로 10번 반복해서 말하세요. 자, 이 껌딱지도 스텝이 진행될수록 쉬워질 겁니다!

5 13

WH Does Is

자세히 묻는 WH Question. 방법은 똑같습니다.
다만 아는 것이 다가 아니라, 말로도 빠르고
정확하게 해야 하니 스텝은 계속 밟아나갑니다!

#시어머니가 이 동네 사세요?

계속 사느냐는 뜻이니까 DO 기둥이죠. 시어머니는 3총사, DOES로.

> → Does your / mother-in-law / live / in this town?

#아니요. 여기서 멀리 사세요.

> far <

No, she lives 다음에 '멀리'는 far!
그런데 여기서부터 멀리이니 껌딱지가 필요합니다. 무슨 껌딱지? → from

> → She ( ) lives far from here.

#어디 사시는데요?

"Does she live in this town?" 질문에서 아니라는 대답을 들었으니까 앞에 WH만 붙이면 끝!

> → Where does she live?

상황) 사진을 보는데 잘생긴 남자가 있어요. 손가락으로 가리키며 묻습니다.

#A: 이 남자는 누구야?

> → Who is this guy?

#B: 이 남자애는 내 오랜 친구야.

> → This guy is my old friend.

더 짧게 하면

#이 사람 누구야?

> → Who is this?

라고 말할 수도 있어요. this는 '이것'만이 아니라 '이 사람'이라고 말할 때도 쓰인다고 했죠?

사진 속 대상을 말할 때는 바로 앞에 있어도 사진 속과 현실이 멀다고 느껴져서인지 "Who is **that?**"으로도 잘 씁니다. 혹시 누가 that이라고 해도 헷갈리지 마세요. 한번 써볼까요?

상황) 사진 속 남자의 손안에 뭔가 이상한 것이 있어요.

#이건 뭐야?

> → What is that?

#이 남자 손안에 있는 거.

> → In his hand.

#이 남자 손안에 있는 이거 뭐야?

> → What is that in his hand?

'이거'라는 말도 영어로 that을 쓸 때의 느낌, 보이세요?

상황) 피곤해서 잠깐 쉬고 싶은데 아이가 놀자네요.

#너 왜 가서 게임 안 하니? (게임하지 그러니?)

가서 하라는 거죠? '왜 안 하니, 아무도 막지 않는데, 가서 해!'라는 거잖아요.

> → Why don't you go and play games?

#왜 안 쉬세요? (쉬지 그러세요?)

> → Why don't you rest?

#당신 와이프는 왜 안 쉬세요?

> → Why doesn't your wife rest?

#왜 휴가를 안 쓰시지?

> → Why doesn't she take a holiday?

#Jamie는 뭐 좋아해요?
[제이미]

.... What does Jamie like?

#이 영화에서 상어는 언제 죽어?
shark [샤크] / die [다이]

.... When does the shark die in this movie?

#쟤(남) 왜 기분 상해 있어?
upset [업'셋]

.... Why is he upset?

#걔(남)는 어느 나라 사람이에요?
Hint: BE 기둥으로 해보세요.

.... Where is he from?

#(먹고 있는) 저녁 어때요?
dinner

.... How is your dinner?

#생일이 언제야?
birthday [벌*스데이]

.... When is your birthday?

#이야기는 어떻게 시작해?
story / begin=시작하다

.... How does the story begin?

#네 손에 그거 뭐야?

.... What is that in your hand?

#그분(남)은 왜 여기서 일하세요?

.... Why does he work here?

220

처음 만나면 통성명을 하잖아요.
우리도 많은 사람 앞에서 소개할 때
"제 이름은 아무개입니다" 식으로 말하지만
바로 앞에서 만날 때는 **"아무개입니다"**라고 소개하죠?

영어도 같습니다.
My name is Pavia Choi.
이렇게 my name이라 할 때는 내 이름이 뭔지, 이름을 더 강조하는 느낌이고 그냥 편하게 **"파비아입니다"**, "I am Pavia"라고 할 때는 내 이름보다는 내가 누구인지를 말하는 거죠. 실제 이렇게 더 많이 쓴답니다.

영어로 만들어보세요.
#성함이 어떻게 되시죠?
→ What is your name?
#누구시죠?
→ Who are you?

#이분은 누구셔?
→ Who is this?
아까 사진 할 때 했던 것과 마찬가지. 소개할 때 손으로 이렇게 가리키잖아요. 가까운 곳에 있으니 딱 this를 쓰는 거죠.

#애는 제 친구, 제이입니다.
this로 질문했으니, this로 대답해서
→ This is my friend, J.

사람을 서로 소개해줄 때 각각에게 예의를 차려서 전체 문장으로 말할 경우에는 This is~로 들어갑니다. 다시 만들어보죠.
#제이, 이 사람은 내 동료 Lee 씨야.
→ J! this is my colleague, Lee.

이 기둥들도 WH 1이 나올 때 더 자주 나올 겁니다.
직접 질문들을 만들어서 수시로 말해보세요!

5 14

수량 형용사

Few, Little

바로 만들어보세요.

#많은 시간과 에너지
→ much time and energy
much가 안 나온 분들 있죠? 셀 수 없는 것이 많을 때는 much. (스텝 04²⁶ 참조)

#내 딸은 일에 너무 많은 시간과 에너지를 소비해.
> daughter / spend=소비하다 <
My daughter ( ) spends.
뭘 spend 하는 거예요? 너무 많은 시간과 에너지죠. → too much time and energy
그리고 '일에'가 남았는데 그냥 붙이면 '에너지 일'이 되니까 껌딱지 필요하죠? 이미지로
상상해보세요.
시간을 일에 소비하는 거니까 일에 닿는 느낌인 껌딱지 on → on her work
→ My daughter spends too much time and energy on her work.

#쉬지를 않아.
→ She doesn't rest.

#많은 실수들
실수는 '하나'로 셀 수 있으니 many로 써줍니다.
→ many mistakes

#제 동료들이 실수를 너무 많이 합니다.
> colleague [컬리그]=동료 / mistake=실수 / make=만들다 <
→ My colleagues ( ) make too many mistakes.

#미쳐버릴 거 같아요.
이 상황이 날 미치게 만들고 있는 겁니다.
→ It makes me crazy.
또 잘 쓰는 것이
→ It drives me crazy.
제가 그리로 빠르게 끌려가는 겁니다.

#난 친구 많아.
→ I ( ) have many friends.
#그래?
→ Do you?

난 친구 조금 있는데.
many의 반대!
few [*퓨]입니다.
many에서 벽돌만 바꿔치기해주면 돼요.
I have few friends.

many에서 few로만 바꾸면 친구 수가 별로 없다는 뜻입니다.
어떤 책에서 보면 '거의 없다'에 few를 쓴다고 하는데, '많이'의 반대는 '적게'가 어울리는 것처럼 few는 '거의 없다'는 뜻보다는 '적게 있다'라고 말할 때 사용합니다.

#넌 치아가 몇 개 없네.
> '치아'는 teeth [티*스] <
→ You have few teeth.

#넌 치아가 많지 않네.
라고 말해도 메시지 전달은 되죠.
→ You don't have many teeth.

하지만 완전히 같지는 않아요. 치아가 많지 않다는 건 그래도 '있다'는 건데, 아예 처음부터 few teeth라고 하면, 셀 게 별로 없다는 거죠.

결론: many 빼고 few를 넣으면 많은 게 아니라, 적은 거라고 말하는 것.
쉬우니 하나만 더 알려드릴게요.

상황) 상대방이 반박합니다.
그래도 좀 있거든요!
few = 적긴 하지만, 그렇다고 아예 없는 건 아니라고 말하는 거죠. 적지만 그래도 있다고 할 때는 few 앞에 a를 붙입니다. a few.
→ I have a few!
그래도 좀 있거든요!

a는 말할 때는 잘 들리지도 않아서 표정으로 메시지가 다 전달되지만 그래도 시험을 대비하는 분들을 위해서 살펴볼게요.
a few.
이미 few가 있죠. 그렇기 때문에 여기에 a를 더해도 하나를 뜻할 수가 없습니다.
이미 적게 있지만: few
그래도 셀 수 있는 정도로 수가 남아 있어서:
a few
전달되는 메시지 느낌이 다르죠?

A FEW
GO

A DRAMA
BY AARON SORKIN

미국 해군을 소재로 한 영화 〈어 퓨 굿 맨〉 아시나요?

한 기지에서 일어난 일병의 사망 사건을 다룬 영화로 양심, 명예, 정의 등을 주제로 다룹니다.
영어로는 **A few good men.**
무슨 뜻일까요?

good men은 좋은 남자들,
Many good men이 아니라, A few good men이니
many 많은 것은 아니고, 그렇다고 few 적은 것도 아닌
a few, 적긴 하지만 그래도 꽤 있는 거죠.

많은 수는 아니지만 없는 것도 아닌 적은 수의 좋은 남자들.
A few good men.
이 말은 해군에서 초반에 군인들을 모집할 때 쓰였다고 합니다.

하지만 **'A few'** good men이면 충분하다는 말이 해병대 이미지에도 잘 어울리는 구호여서, 200년 넘게 미국의 해병대에서 쓰였다고 하네요.

한국의 해병대에 어울리게 풀이하자면 '소수 정예'가 되겠지만, 영어는 a few good men.
단어 자체가 쉽고 늘 사용하는 단어들이죠?

영어 version은 쉽지만 '소수 정예'라는
우리말은 초등학생 저학년은
잘 쓰지 않는 단어죠.
이렇게 같은 말도 서로 다를 수 있다는 것.

그리고 우리가 생각하는 것보다 영어는 실제로
더 쉬운 단어를 잘 쓴다는 것에 익숙해지면서
연습에 들어가보죠.

#A: 너 밖에 손님들이 좀 있네.
guest [게스트]

....You have a few guests outside.

#B: 저건 '좀'이 아니잖아! 많은 거지!

....That is not a few! That is 'many'!

#우리 한국에는 모기가 많아요.
mosquito [모스키토]

.... We have many mosquitoes in Korea.

#A: 너 쟤네들 알아?

.... Do you know them?

#B: 몇 명은 알아.

I know few. 적게 안다 /
.... I know a few. 다 아는 건 아니지만, 좀 안다.

영어는 수를 좋아한다고 했죠?
셀 수 있을 땐
→ many, few, a few
셀 수 없는 것이 많을 땐
→ much!
그럼 셀 수 없는 것이 적을 땐?
바로 **little** 을 씁니다.

little은 그렇게 생소한 단어는 아닐 텐데요.
몸이 작은 아이에게 little boy, little girl이라
하기도 하죠. 키가 작거나 몸이 작은 것은 셀
수 없어요. "키가 하나인 애 데리고 와~" 말이
안 되죠. 그래서 기준을 만든 것이 각종 단위
예요. 센티미터, 킬로그램 등등.

영어를 조금 해요.

이 말도 조금이 몇 개인지 정확히 모르니,
little English라고 말해보죠.

상황) 누가 저한테 영어 할 줄 아느냐고 물어
봐요.
#제가 영어 할 줄 아느냐고
요?
→ Can I speak English?
#조금 할 줄 알아요.
→ I can speak little.

영어 할 줄 아느냐 물으면
"I can speak little English"라고 답하면 돼요.

#제 사촌 언니는 작은 애들 10명을 가르치는데 정말 즐거워하더라고요.

> cousin / kid / teach / enjoy <

→ My cousin teaches 10 little kids, and she really enjoys it.

#이 쪼끄만 것이 매일 날 짜증 나게 해.

> annoy [어'노이]=짜증 나게 하다 <

This little thing

두비에서 do 쪽. It이니 DOES로 가야죠?

원하면 행동으로 사람 짜증 나게 할 수 있죠? → annoys me every day

→ This little thing annoys me every day.

이제 연습장에서 little과 few를 구분해서 만들어보세요.

#이 커피 조금 쓰다. 아니다, (다시 맛보더니
정정하면서) 그렇게 나쁘지 않다.

bitter [비터]=맛이 쓴 / bad=나쁜

.... This coffee is little bitter.
.... No, actually it is not that bad.

#기자님께서 아직도 질문이 좀 있다네요.

reporter [*리포터] / question

.... The reporter still has a few questions.

#영어 조금 합니다.

.... I speak little English.

#우리 딸이 머리에 작은 혹이 있네.

daughter / head / bumps=혹

.... Our daugher has little bumps on her head.

#나 중국어로 단어 몇 개 알아.

Chinese [차이니즈] / words [*월즈]

.... I know few words in Chinese.

5 15

보통 영어에서 껌딱지를 배울 때
여러 개를 리스트처럼 모아놓고
한 번에 쭉 배우는데
그러면 스스로
사용도 잘 안 하게 되고,
응용 실력도 늘지 않습니다.

이번 스텝에서 배울 껌딱지는 바로 **FOR!**

'For you'라는 초콜릿 제품 본 적 있죠?
이 for는 '무엇을 위해서, 무엇을 위한'이란 느낌이 있습니다.
초콜릿 이름이 '너를 위해'인 거죠.

곧바로 만들어볼게요!

이 초콜릿은 너를 위한 거야.

뭐가 너를 위한 거예요? 이 초콜릿 → This chocolate

초콜릿이 무엇을 하는 게 아니죠. 지금 상태를 말하니까 BE 기둥,

그냥 you라고 붙이면 '초콜릿이 너'라는 뜻이 되니까 껌딱지를 붙여야죠. → for you

→ This chocolate is for you.

BE 기둥인데 this chocolate이니 is로 가는 거예요. It에 속하니까요.

This chocolate = 너를 위한 것

이거 날 위한 거야?

질문이니 뒤집기만 하고, 나머지는 그대로 내려오죠?

→ Is this for me?

그럼 다음 문장도 만들어보세요!

이 책은 아이들을 위한 것이 아니다.

간단하게 for 껌딱지를 써보세요.

→ This book is not for children.

같은 말을 이렇게도 할 수 있어요.

이건 아이들을 위한 책이 아니다.

→ This is not a book for children.

이건 아이들을 위한 책이 아니다.

이 책은 아이들을 위한 것이 아니다.

결국 같은 메시지죠? 카멜레온 찾고, 기둥 구조대로 말한 다음 나머지 말하지 않은 것은 엑스트라로 계속 뒤에 붙이면 돼요.

다른 껌딱지처럼 for도 뻔한 것은 만들기가 쉽습니다. 그러니 좀 더 넓혀서 가보죠.

#고마워. → Thank you.
뭐가 고맙다는 거야?
영어로 간단하게 물을 수 있습니다.
→ For what?
상대방이 한 말에 연결하는 겁니다.
'무엇을 위해' 고맙다고 하는 건지 묻는 거예요.
#전부 다.
→ For everything.
해준 것이 많은 사람에게 고맙다고 할 때 이렇게 말합니다.
→ Thank you for everything.

#초대해주셔서 감사합니다.
초청에 감사드립니다.
invite를 do 동사에 넣으면 '초대하다'가 되죠? the invite라고 해서 명사 자리에 넣으면 '초대'가 됩니다.
→ Thank you for the invite.

#협조에 감사드립니다.
> '협조'는 cooperation [코오퍼*레이션] <
→ Thank you for your cooperation.

cooperation처럼 단어 앞에 저렇게 co가 붙으면 뭔가 '같이 한다'는 느낌이 있습니다.
operation [오퍼*레이션]은
operate [오퍼*레이트]의 명사인데, operate는 조직적으로 사람들이 모여서 수행해야 하는 일들, 예를 들어 작전을 수행하거나, 수술을 하는 일 등에 사용되는 단어입니다.
일을 수행하는데 = operation 하는데,
co, 같이 해주는 거죠. 그래서 '협조하다'라는 뜻이 됩니다.

#나한테 묻지 마!
→ Don't ask me!
#Don't ask me for money!
돈을 위해 묻지 마?!
나한테 돈 달라고 하지 말라는 겁니다.
물어보는데, 묻는 이유가 for money
돈을 위해 묻는다는 거죠.

#메뉴 달라고 해!
간단하게 말할 수 있어요.
→ Ask for the menu!
물어보라는 거죠, for the menu. '메뉴를 받기 위해 물어봐'가 되는 겁니다.

역시 껌딱지로 간단하게 말을 전달할 수 있죠.

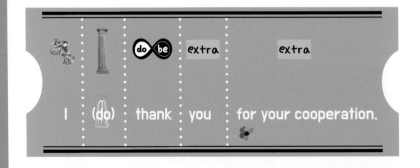

#이건 날 위한 거고 저게 널 위한 거야.

....This is for me, and that is for you.

#당신의 도움에 감사드립니다.

help

....Thank you for your help.

#걔(남)한테 줄 편지가 있어. 나는 그냥 전달자야.

Hint: 두비에서 be 쪽으로 쓰고 껌딱지 붙여보세요.

letter / messenger [메센저]=전달자

I have a letter for him. This is not from me.

.... I'm just a messenger.

#1. 집에 와!

.... Come home!

#2. 점심 먹으러 집에 와!

.... Come home for lunch!

#그분(여)은 자기 가족을 위해서 뭘 한대요?

....What does she do for her family?

#네가 저 남자를 위해 일하는 거야 아님 저 남자가
너를 위해 일하는 거야?

.....................................Do you work for him or does he work for you?

#안녕하세요, 저 여기 면접 보러 왔는데요.

interview [인터*뷰]=면접, 인터뷰

.... Hello, I am here for the interview.

231

#너희 학생들이 너한테 조언 받으러 와?

이미지로 그려보세요.

→ Do your students come to you for advice?

to를 붙이고, for도 붙었습니다!

이렇게 엑스트라 자리에 계속 껌딱지를 붙이면서 말을 이어나가면 되는 겁니다!

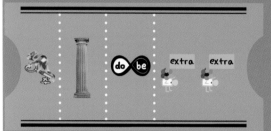

그럼 번역 퀴즈!

#One for all, all for one.

one은 하나를 말하죠. all은 전부를 말합니다.

Hint:《다르타냥과 3총사》이야기
프랑스 작가 Dumas [뒤마]가 17세기 프랑스와 영국을 배경으로 쓴 소설《삼총사》에서 주인공들이 자주 외치던 말입니다.

우리말 번역은 '모두가 하나 되어'라고 했습니다. 하지만 영어로는

One for all, all for one!

→ 한 명이 모두를 위해, 모두가 한 명을 위해.

모두에게 문제가 생겼을 때 한 명만 남더라도 그 한 명이 모두를 위해 싸우고, 한 명에게만 문제가 생겼을 때도 모두가 그 한 명을 위해 싸우고. '모두가 하나 되어~'와는 전달되는 느낌이 좀 다르죠.

껌딱지 하나로 다양한 말을 만들 수 있죠?

입국 심사에서 항상 묻는 질문.

#Are you here for business or pleasure?

당신은 여기에 있습니까. For business or pleasure [플레져]?
사업을 위해 있는지, pleasure를 위해 있는지 묻고 있네요.
pleasure는 '즐거움'이란 뜻입니다.
사업을 위해 왔느냐, 즐거움을 위해 왔느냐, 다시 말해
"사업상 오셨나요. 관광차 오셨나요?"
이 질문을 간단하게 for로 끝내는 겁니다.

THE SUNDAY TIMES

🏠 | NEWS | SPORT | BUSINESS | COMMENT | NEWS REVIEW | CULTURE | STYLE | TRAVEL

COLUMNS

Confessions of a Tourist: Are you here for business or pleasure?

자! 껌딱지들이 상당히 많이 쌓였습니다.
그럼 마지막으로 for가 많이 나오는 실제 노래 가사를 한번 읽어보고 끝내죠.

I am too sexy for my love.

....난 내 애인한테 주기엔 너무 섹시해.

I am too sexy for my shirts.

....난 내 셔츠 입기엔 너무 섹시해.

I am too sexy for Milan, New York and Japan.

.............................난 밀라노와 뉴욕, 일본이 감당하기엔 너무 섹시해.

I am too sexy for your party.

....난 너의 파티에 가기엔 너무 섹시해.

I'm a model you know what I mean.

....난 모델이야 / 넌 알지 내가 무슨 말을 하는지.

I do my little turn on the catwalk.

....난 해 / 나의 작은 턴을 / 캣워크 위에서.

I am too sexy for my car.

....난 내 차를 타기에는 너무 섹시해.

I'm too sexy for my hat.

....난 내 모자를 쓰기엔 너무 섹시해.

I shake my little tush on the catwalk.

.............................난 흔들지 / 나의 작은 엉덩이를 / 캣워크 위에서.

I'm too sexy for my cat.

....난 내 고양이를 위해선 너무 섹시해.

And I'm too sexy for this song.

....그리고 난 이 노래를 하기엔 너무 섹시해.

FIND THIS EASY

이번 스텝은 여러분이 통째로 익혀서
익숙해지는 것이 좋습니다.

#이 질문은 저한테 어려워요.
> '질문'은 question, '어렵다'는 hard <
This question is hard 다음에 me가 붙어야 할 텐데,
그냥 hard me라고 하면 '어려운 나'가 되니까 껌딱지
뭐가 좋을까요?

to를 붙이는 게 맞지 않을까, 생각할 수도 있는데
for를 붙입니다. **for me.**
→ This question is hard for me.
#이 붙은 문장들을 영어로 만들어보세요!

#재네들을 위해선 이게 좋지만 나한테는 안 좋아!
→ This is good for them, but it is not good for me!

'나한테는'에도 여전히 for를 썼죠? 똑같은 방식인 거예요. 위의 말을 줄여서 이렇게도 써요.
→ This is good for them but not good for me!

#너한테는 쉬운데!
→ It is easy for you!
#나한테는 어려워!
→ But it's hard for me!

우리말로 번역할 때 달라져서 그렇지 영어로 보면 똑같아요.
#널 위해선 좋아. = 너한테 좋아.
→ It is good for you.
#널 위해선 쉬워. = 너한테 쉬워.
→ It is easy for you.

직접 만들어보세요.

#1. 영어는 정말 쉬워.

.... English is really easy.

#2. 영어는 나한테 정말 쉬워.

.... English is really easy for me.

#1. 이거 유용하네.
useful [유스*풀]=유용한

.... This is useful.

#2. 이거 나한텐 유용해.

.... This is useful for me.

#1. 어렵다.
difficult [디*피컬트]=어려운

.... It is difficult.

#2. 우리한테 어렵다.

.... It is difficult for us.

그럼 레벨 살짝 올립니다.

find [*파인드]는 무슨 뜻이죠?

do 동사로 사용하면 '찾다'라는 뜻입니다.

This question is hard for me.

이 말은 이제 알죠?

This question = hard 한데,

for me, 나를 위해 이 질문이 내 앞에 놓였을 때 hard 한 거죠.

같은 말을 아래처럼도 잘 쓴답니다.

I ( ) find this question hard.

'find'는 '찾다'란 뜻인데 왜 저기에 쓸까요?

잘 보세요. find라는 단어는 다시 말해 '없는 것'을 찾는 거잖아요. 질문이 있는데 어려울 거라고 예상하지 못한 겁니다. 딱 '찾아'보니 = 확인해보니, 어렵다는 거죠.

그러면

It is hard. 와 I find it hard.

이 둘은 뭐가 다를까요?

It is hard는 문제 자체가 어렵다는 말이 전달되지만, I find it hard는 '저한테는…'이란 말이 들리는 거죠. 그래서 I find it hard는 개인적인 입장이 더 강합니다. 자기 의견을 말할 때 이 구조를 많이 쓰게 돼요. 만들어보죠.

#난 쟤네들이 멍청한 것 같던데.

They are stupid. 이렇게 말하면 강하게 "쟤네 멍청해"라고 확고하게 말하는 거고,

I find them stupid. 하면 "내가 봤을 땐 좀 멍청한 거 같은데"라고 돌려 말하는 거죠.

우리말로 같은 뜻이라도 영어 문장에서 단어들이 다르다면 이제부터 그 작은 느낌의 차이도 감지하면서 연습해보세요.

236

#저희한테는 시험이 매우 쉬워요.
test / easy

.... We find the test very easy. /
The test is very easy for us.

#쟤네들은 내 질문들이 너무 쉽다고 여겨?

.... Do they find my questions too easy?

#애(여)가 이거 재미있어하네. (웃으며 재미있어할 때)
funny

.... She finds this funny.

#제 학생들이 제 수업을 어려워합니다.
student / class / hard

.... My students find my class hard.

#난 걔(여) 예쁘고 착한 것 같은데.
pretty / nice

.... I find her pretty and nice.

#그게 이상하다고 안 여겨?
weird [위어드]

.... Don't you find that weird?

#걔(여)는 내가 매력 있다고 느낀대?
attractive [어트'*락티*브]=매력적인

.... Does she find me attractive?

237

5 17

What + Noun

쉽지만 많이 쓰이는 것 들어갑니다!!
영어로 빨리 바꿔보세요.

#뭐 좋아해?
→ What do you like?
#네 친구는 뭐 좋아해?
→ What does your friend like?
기둥 모양만 살짝 바뀔 뿐 다 똑같습니다. 이미 많이 적응되셨죠?

#여러분은 뭘 좋아하세요?
→ What do you like?
자! 이런 질문엔 별의별 답이 나올 수 있죠. 물을 좋아하거나 붉은색을 좋아하거나 여행, 운동 등등. 이번엔 범위를 줄여서 색이나 운동 말고, 음식에 대해서만 물어보고 싶어요. 무슨 음식을 좋아하는지 알고 싶을 때 영어로 질문하는 법!

무슨 음식 좋아해?

→ **What food** do you like?
What food를 질문하고
나머지 질문 그대로 내려오면 되는 거죠.

What	do you like?
What **food**	do you like?

이게 다예요. '뭐 좋아해?'가 아니라 더 자세하게 물어볼 때는 what 뒤에 붙이고 물어보면 됩니다. 바로 응용해서 다음을 만들어보세요.

#너 무슨 색깔 좋아해?
→ What colour do you like?
영국 스펠링을 쓰는 곳은 colour로 적어요. 몰랐다고 해도 색깔을 말한다는 것은 보이시죠?

#외국어 뭐 할 줄 아세요?
> '언어'는 language [랭귀지] <
'무슨'으로 시작하지 않는다고 해서 고민하지 마세요. 우리말은 다양하게 변한다는 것 잊지 말고 메시지 전달만 생각하세요.
→ What languages can you speak?

#인도는 영어로?   → India
#인도 사람들은 무슨 언어를 쓰죠?
> Indian=인도 사람 <
→ What languages do Indians speak?

Indians.

우리는 '인디언'이라고 하면 보통 미국 원주민을 생각해요. 콜럼버스로 인해 유럽인이 남미와 북미에 대거 이주해 갈 수 있었는데 도착하니 아메리카 대륙은 땅덩어리가 엄청 넓고 대부분 비어 있었죠. 유럽인들에게 그곳은 땅주인이 없는, 이주 가능한 '신대륙'으로 보였던 거예요.

콜럼버스는 이탈리아 출신으로 인도양 항해를 위해 포르투갈에 지원을 요청했지만 무산되자 스페인의 지원을 받아 출발합니다. 그런데 실수로 미대륙에 도착합니다. 자신이 아시아로 가는 새로운 루트를 발견했다고 착각해 그곳 원주민들에게 'Indian'이라는 이름을 붙인 것이 지금도 지속되고 있는 겁니다.

지금은 **미국 원주민**은 'Native [네이티*브] American', **인도인**을 'Indian'이라고 부른답니다.

그럼 다시 해볼까요?
#인도 사람들은 무슨 언어를 쓰죠?
→ What languages do Indians speak?

#힌두어와 영어를 합니다.
> 힌두어는 Hindi [힌디] <
→ They speak Hindi and English.

바로 연습장으로 넘어갈게요.

#네 방은 어떤 색이야?

room

.... What colour is your room?

#몇 사이즈를 원해?

.... What size do you want?

#James는 무슨 과목 좋아해?

subject [써브젝트]

.... What subject does James like?

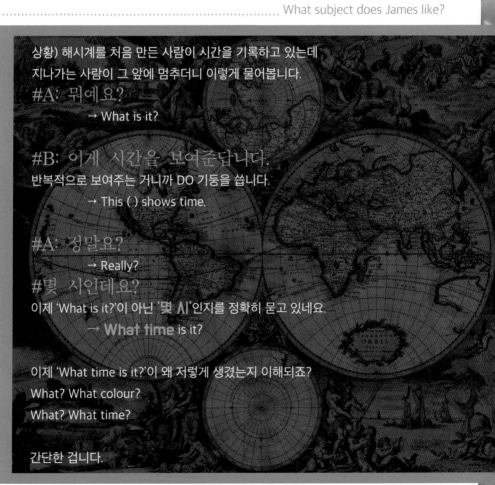

상황) 해시계를 처음 만든 사람이 시간을 기록하고 있는데
지나가는 사람이 그 앞에 멈추더니 이렇게 물어봅니다.

#A: 뭐예요?

→ What is it?

#B: 이게 시간을 보여준답니다.

반복적으로 보여주는 거니까 DO 기둥을 씁니다.

→ This ( ) shows time.

#A: 정말요?

→ Really?

#몇 시인데요?

이제 'What is it?'이 아닌 '몇 시'인지를 정확히 묻고 있네요.

→ **What time** is it?

이제 'What time is it?'이 왜 저렇게 생겼는지 이해되죠?

What? What colour?

What? What time?

간단한 겁니다.

241

5:19 o'clock

시각

'해시계'는 영어로?
sundial [썬다이얼]

dial을 두비 자리에 넣으면
전화를 걸 때 '전화번호 눌러'
라는 뜻이 된답니다.

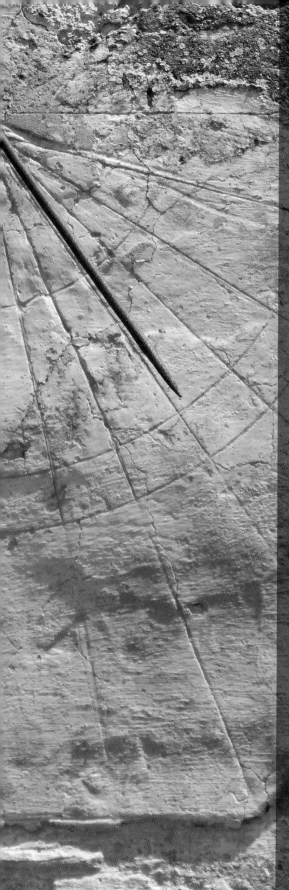

#전화번호 눌러!
→ Dial the number!

가정에서 쓰던 옛날 전화기 아실 거예요. 동그란 숫자 구멍에 손가락을 끼워 돌려서 전화를 거는 방식이었죠. 그렇게 돌려서 거는 숫자판을 dial이라고 해요. 전화기 모양은 바뀌었어도 단어는 지금까지도 사용되고 있는 거죠.

이제 영어로 말해보세요.
#시간은   → time

'시계'는 watch라고 했는데 그럼 clock은 뭘까요?

watch는 do 동사 자리에 넣으면 '보고 있다'는 뜻이죠? 손목시계가 watch입니다. 시간이 흘러가는 것을 계속 볼 수 있어서 그렇게 지었나 봐요.

벽시계 등은 clock [클럭]이라고 말합니다.

시계에서 가장 중요한 포인트인 '시'.
숫자 1이 한 번 더 들어가서 시계 안에 있는 1.
1 of the clock. 줄여 쓰면
1 o'clock [어클럭크]
of the clock은 옛날 말이 되었지만 뭔가를 줄였다고 표시하는 어포스트로피는 남아 있죠?

영어로 바꿔보세요.
#지금 몇 시야?
→ What time is it now?
#3시야.

뭐가 3시라는 거예요? 시간이죠.
굳이 "시간이 3시야"라고는 안 해요. 날씨처럼 뻔히 보여서 카멜레온에 it이 들어갑니다.
→ It is 3 o'clock. 혹은 It is 3.

243

#아침 식사는 7시에 시작합니다.

시간은 너무 뻔하니까 굳이 o'clock을 안 붙이고 그냥 말하는 경우가 훨씬 많습니다.

→ Breakfast starts at 7.

확인해보니까 시간이 틀려서 정정합니다.

#아니, 내일은 6시 30분에 시작하네요.

→ Actually, it starts at 6:30 tomorrow.

말할 때는 그냥 six thirty로 숫자 그대로 읽으면 됩니다.

시간은 숫자를 그대로 말하면 되는데 우리도 5시 30분 대신 '**5시 반**'이라고 말하기도 하죠? 영어도 마찬가지예요.

원 모양 시계를 파이처럼 반으로 나누면 이것을 half [하*프]라고 해요.

#나한테 호박 파이가 있는데, 너 반 먹어도 돼.

→ I have pumpkin pie. You can eat(have) half.

'**3시 반**'을 이미지로 그려보세요.
'3시 반'이라고 할 때는 반이 이미 지나갔다는 말이죠?

'**반**'은 half,
'**지나가다**'는 past.
어디에서 지나간 거예요? '**3시**'에서죠?
→ Half past 3

거꾸로 말하는 것 같지만 영어는 가장 중요한 포인트를 먼저 말한다고 했죠? 항상 그렇습니다.

반이 지나간 것을 먼저 말하니, Half past 3.
Half past 3를 더 줄이면 Half 3.

그럼 연습장에서 half도 같이 연습해보세요.

#A: 영어 수업 몇 시죠?

....What time is the English lesson?

#B: 10시에 시작합니다.

.... It starts at 10 o'clock. / It starts at 10.

#A: 몇 시예요?

....What time is it?

#B: 12시 반이네요.

....It is half past 12. / It is half 12.

#미팅은 2시 반에 시작할 겁니다. 2시에 거기 있으세요.

The meeting will start at half past 2.
.... Be there at 2.

#A: 대통령 연설이 몇 시지?

president [프*레지던트]=대통령 / speech [스피~취]=연설 / presidential speech [프*레지덴셜
스피~취]=대통령 연설

.... What time is the president's speech? / What time is the presidential speech?

#B: 10시야.

....It is at 10.

#A: 지금 몇 시인데?

....What time is it now?

#B: 8시 반.

....It's half past 8. / It's half 8.

5 1 9

WH 1

기둥만큼 자주 연습하면 좋은 스텝이 바로

Planet!

영어 안에 큰 스텝인 행성 = Planet!

스텝 03[17]에서 WH 1 스텝으로 처음 접했죠.

스텝 03[17]이라는 것은

3번 기둥인 WILL 기둥에서 접했다는 것이니

거기서 나오는 WH 1 예문은

명령, CAN, WILL 기둥 안에서만

소개되었을 거예요.

5번 기둥까지 오는 동안 종종 WH 1으로도

다양한 문장을 만들었지만 이렇게 새롭게

배운 기둥들에도

적용시키는 연습을 해야겠죠?

이번 스텝은 계속 같이 만들어볼게요.

너 누구야?

→ Who are you?

너무 쉽나요? 그럼 이 쉬운 문장을 분해해보죠!

'Who are you?'는 무슨 기둥일까요?

BE 기둥. 왜 DO 기둥을 안 썼죠?

'네가 누구다'는 행동이 아닌 상태니까요.

그럼 이 BE 기둥의 'Who are you?' 구조가 어떻게 만들어졌는지 살펴볼게요.

다음 문장으로 직접 만들어보죠.

넌 내 아들이야.

→ You are my son.

이제 질문으로 바꿔보세요.

네가 내 아들이냐?

1번 2번만 뒤집으면 되죠?

→ Are you my son?

그럼 Yes/No 대답이 아닌 더 자세한 답을 묻는 질문!

넌 누구냐?

6하 원칙인 WH만 맨 앞에 붙이면 되죠. 사람이니까 → Who

나머지는 그대로 → are you

→ Who are you?

이렇게 해서 생겨난 구조랍니다. 이제 보이시죠?

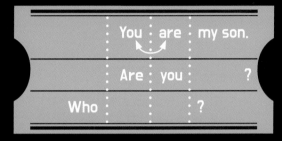

그럼 다음!

모르겠어.

→ I don't know.

역시 너무 쉬운 말인가요? 구조를 분해해보세요. 무슨 기둥이죠?

DO 기둥! 왜였죠?

'알다, 모르다, 기억하다' 등 뇌 기능은 두비에서 do 쪽!

그리고 한번 모르면 알기 전까지 계속 모르는 것이니 타임라인을 길게 해서 DO 기둥.

우리는 '모른다'고 하지만 영어는 '알지 못한다' 식으로 쓰니까 부정으로 NOT 넣어줬어요.

(스텝 04³ 참조)

이렇게 영어 문장을 볼 때는 항상 '무슨 기둥'인지 확인하는 습관을 들이세요.

기둥을 확인 안 하고 읽어서 번역할 때 실수하는 경우를 자주 봅니다.

어떤 기둥인지 확인하면 번역이 탄탄해지고 복잡한 문장이 나와도 매우 쉽게 분리되어 보인답니다.

그럼 이제 WH 1을 만들어볼까요?

#난 네가 누군지 모르겠어.
먼저 카멜레온을 모르면
우리 말 맨 끝을 보면 된다고 했죠?
모르겠대요. 누가? 내가!
I don't know~를 먼저 말하고!

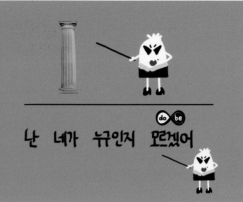

그다음 뭘 몰라요?
#네가 누구인지.
"너 누구야?"는 "Who are you?"
네가 누구인지 모른다고 했으니 질문 형식이
아닌 기본 문장 형식. 그러니 뒤집은 1번 2번
을 원상 복귀하면 who you are.
→ I don't know who you are.
이것이 WH 1이에요.

> **Who are you?**
>
> **I don't know : who you are.**

다시 말해봐요.
#네가 누구인지 몰라.
　　　　→ I don't know who you are.
#난 몰라, 네가 누구인지.
　　　　→ I don't know who you are.

배운 것에서 기둥만 바꿀 뿐이죠?
#난 내가 누구인지 몰라.
　　　　→ I don't know who I am.
그럼 기둥을 좀 더 다양하게 바꿔서 만들어보세요.

#네가 누구인지 기억해.
무조건 우리말은 끝을 봐야 두비가 나오고 기둥이 나와요!
　　기억하라죠! 무슨 기둥? 명령 기둥! → Remember
　　 뭘 기억하래요? '**네가 누구인지**'. '너는 누구야?'는 'Who are you?'인데
　　　　　　질문이 아니니까 원상 복귀 → who you are
→ Remember who you are.

#잊지 마라, 네가 누구인지.
> → Don't forget who you are.

#까먹지 마, 네가 어디 사는지.
> → Don't forget where you ( ) live.

'살다'는 '죽다'처럼 행동으로 봐서 두비 가운데 do 쪽으로 봤죠? (스텝 03[16]) 그래서 DO 기둥.

'I ( ) live here. I do not live here'처럼 쓰이는 거 아시죠?

이제 3총사를 넣어 다른 기둥과도 섞어볼까요?

#A: 애(남) 어디 있지?
> → Where is he?

He니까 BE 기둥에서 is로 갔죠?

#B: 어디 있는지 모르는데요.

'어디 있는지'를 고민하지 말고 우리말 끝을 보기!

모르는데요. 누가? 내가! → I don't know

extra 그런데 뭘 모르는 거예요? **애가 어디 있는지.**

> 'Where is he?'는 질문 형식에서 원상태로 1번 2번 돌아오기

> → where he is

→ I don't know where he is.

이렇게 계속 벽돌만 바꿔가며 복습하면 됩니다.

#나 이 여자애 누구인지 알아!

내가 아는 것이죠! → I know

> **extra** 뭘 알아요? 이 여자애가 누구인지! 'Who is she?'를
> 되돌려서 → who she is

→ I know who she is.

레벨을 좀 더 올려볼게요.

네가 필요한 것은 내 도움이야!

자! 보세요. 이 문장에서 네가 필요한 것.
이것이 카멜레온 자리에 들어가야 하는데
'사과', '나' 이렇게 한 단어처럼 '네가 필요한 것'이란 단어는 없죠.
그럼 다음을 질문해보세요.

#네가 필요한 것이 뭔데?

'필요하다'는 need로 두비에서 do 쪽이고 얻을 때까지 계속 필요하니까 DO 기둥
→ What do you need?

이 질문을 원상 복귀시켜 일반 문장으로 보면
→ **What you do need**
이러면 '네가 필요한 것'이 되는 겁니다.

네가 필요한 것

What do you need?

원상 복귀

대신 DO 기둥은 평서문(일반 문장)에서는 잘
숨으니
What you (do) need = What you need

#네가 필요한 것
→ What you need
#네가 필요한 것은 내 도움이야!
네가 필요한 것 = 내 도움
간단하게 BE 쪽으로 가주면 되죠.
→ is my help
→ What you need is my help!

네가 필요한 것	= my help

What you do need is my help!

지금까지 한 것이 생소하게 느껴진다면 스텝 03[17]에서 복습하고 오세요. 외국어는 복습할수록 훨씬 더 탄탄해집니다.
그럼 다음 문장들에 그대로 적용해보세요.

#A: 네가 원하는 것이 뭐야?
→ What do you want?
#B: 내가 원하는 것이 뭐냐고?
→ What do I want?
내가 원하는 것은 너야!
→ What I want is you!

자! 마지막 문장에서 what 대신 all을 넣을 수도 있답니다. 같이 해보죠.

All I want is you!

무슨 뜻일까요?

'내가 원하는 전부 = 너'라는 겁니다. 다른 건 필요 없다는 거죠.
영어는 구조대로 움직이기 때문에 이렇게 간단히 다른 말을 만들어
낼 수 있답니다.

더 만들어볼까요?

#너 크리스마스 때 뭐 원해?

What do you want~ 하고 껌딱지를 붙이면 간단히 해결됩니다.

→ for Christmas

→ What do you want for Christmas?

What do you want for Christmas?

#내가 크리스마스 때 원하는
것은 새 전화기!

→ What I want for Christmas is
a new phone!

#내가 크리스마스 때 원하는
것은 다른 건 하나 없고 너
만 있으면 돼!

위 구조에서 단어만 바꿔치기하면 메시지 전달!

→ All I want for Christmas is you!

What I want for Christmas
is a new phone!

All I want for Christmas
is you!

그럼 이런 식으로 쓰는 말을 더 구경해볼게요.

#You are what you eat.
무슨 뜻일까요?

번역기를 돌리면 '당신은 당신이 먹어치운다'
라는 무서운 번역이 나오는데, 여러분이 한번
분해해보세요.
'What you eat'은 무슨 기둥이죠?
기둥이 안 보이니까 당연히 DO 기둥.
질문으로 바꾸면 "What do you eat?"
"넌 보통 뭐 먹니?" 다시 말해
You are what you eat.
너는 = '보통 네가 먹는 음식'이라는 뜻입니다.

우리말로는
'당신은 당신이 먹는 것으로 이루어진다.'
'먹는 것을 보면 그 사람을 알 수 있다.'
'음식이 사람을 만든다.'
이런 말들로 번역될 수 있는 거죠.

영어로는 심플하게
You are what you eat.
당연히 다른 방법으로도 전달 가능하지만
WH 1으로 하는 것이 가장 심플하게 전달되겠
죠? 그럼 이제 이전 스텝에서 배운 것도 응용
해봅시다.

#지금 몇 시야?
 → What time is it?
#쟤(여)는 보통 몇 시에 와?
 → What time does she usually come?

#너 쟤 몇 시에 오는지 알아?
You know~를 질문으로 하면 숨겨진 기둥 튀어나와야 하죠! → Do you know
extra 뭘 알아요? **'쟤가 몇 시에 오는지!'** → what time she ( ) comes
DOES 기둥 숨기고 come 뒤에 [즈]를 붙여준 거죠.
→ Do you know what time she comes?

지금까지 한 것과 완전히 같은 방식입니다. 기둥만 바뀔 뿐이에요. **이래서 기둥 구조를
탄탄하게 익혀야 다른 것들과 엮는 것이 쉬워진답니다. 기본인 기둥에서 버벅거리
면 엮는 것은 그만큼 시간이 걸려요.** 그러니 이미 쉽다고 생각하는 기둥이라도 꼭 입으
로 빨리 말하는 연습을 하세요!

처음에 정리가 잘 되지 않으면 말하고 싶은 것을 직접 써본 후 다시 머릿속으로 만들어보세요.
영어에서는 어떤 문장이든 기본은 항상~ 카멜레온! 기둥! 두비! 우리말 맨 뒤를 보면 이 3개의
답이 이미 다 나와 있답니다. 그럼 단어만 바꿔서 새로운 문장을 만들며 복습해보세요!

5^{20}

Keep him Happy

keep은 '보관하다, 유지하다'라는 뜻의 do 동사입니다.
계산 후 잔돈이 남았을 때, 상대에게
#Keep the change 하고 말하면 어떤 뜻일까요?
the change는 잔돈도 됩니다.
"잔돈 가지세요"라는 뜻입니다.
우리는 "거스름돈 됐습니다"라고 하죠?

외국 친구들과 헤어지고 나서도 페이스북 등으로 계속 연락할 수 있죠? 영어로 이렇게 말해보세요.

#나 잊지 마. 페이스북에서 나 찾아, 알았지?
> forget / find <
→ Don't forget me. Find me on Facebook, okay?

#Keep in touch!
명령 기둥이죠. 계속 유지해라, 뭐를요? in touch.
touch는 터치스크린의 그 터치예요.
in touch 하면 touch 안에 있는 거죠.
다시 말해 계속 연락하고 지내자는 뜻입니다.
서로 touch가 되어 있는 상태를 계속 유지하자는 거죠.

#계속 연락하고 지내!
→ Keep in touch!

keep 자체는 어렵지 않죠? 그럼 한 레벨 더 올려볼게요.
상황) 노력한 일이 있는데 결과도 만족스럽습니다.

그렇게 계속 유지해.
→ Keep it~ up.
지금 up, 올라와 있는 상태를 계속 유지하라는 거죠. Make me happy와 구조가 같습니다!
(스텝 04²⁴)

대신 make가 그렇게 상황을 만들라고 하는 것이면 keep은 그 상황을 유지하라고 말하는 거죠. 그럼 적용해보세요.

상황) 가족이 안전하게 있습니다. 계속 그 안전한 상태를 유지해야 해요.
#네 가족을 안전하게 보호해라.
> safe <
→ Keep your family safe.

#나 내일 발표 있어.
> presentation [프*레젠'테이션] <
→ I have a presentation tomorrow.

#간단하게 해. (심플하게 유지해.)
→ Keep it simple.
#너무 길게 만들지 마!
→ Don't make it too long!

상황) 손님이 일찍 와서 동료에게 부탁합니다.
#저분(남) 여기서 시간 좀 끌어줄래? 고마워.
→ Keep him busy here, will you? Thanks.
Keep him busy. busy 하게 계속 유지하라는 겁니다.
그럼 연습장에서 좀 더 탄탄하게 익혀보세요.

Make me ~ happy!
Make her ~ pretty!
Make him ~ safe!

Keep him ~ safe!
Keep it ~ simple!

#이것이 섬을 아름답게 유지해준답니다.
island [아일랜드] / beautiful

....This keeps the island beautiful.

#제가 댁의 아드님을 안전하게 보호하겠습니다.
son / safe

....I will keep your son safe.

#내 개인 이메일을 보내줄 테니 연락하고 지내.
personal [펄스널] / touch

....I'll send you my personal email so keep in touch.

#전 제 아이들이 계속 건강할 수 있게 유지하죠.
kids / healthy

....I keep my kids healthy.

#걔(여) 차에 총 두고 다니잖아.
car / gun [건]

....She keeps a gun in her car.

#저분(여)은 어떻게 저 꽃들을 싱싱하게 유지하는 걸까?
flowers / fresh

....How does she keep those flowers fresh?

#그분(여)은 집을 청결하게 유지하세요.
house / clean

.... She keeps her house clean.

이 포스터는 한국에서도 이제 쉽게 볼 수 있습니다.
#Keep calm이라고 쓰여 있네요.
keep은 '유지하다',
calm은 '침착한, 차분한'이란 뜻이죠.
차분한 상태를 계속 유지하라는 뜻입니다.
"침착함을 유지해라."

#And carry on.
carry는 '들고 다니다, 나르다'라는 뜻이에요.
나르는데, on이 붙어서 계속 나르래요. 무슨 말일까요?
carry on은 '하던 것을 계속해라, 계속 가라'는 뜻입니다.

#Keep calm and carry on.
침착함을 유지하면서 계속하던 것을 해라.

제2차 세계대전 당시 영국이 나치와 싸우던 때
영국인에게 공개한 캠페인 문구였다고 합니다.
평정심을 유지하고 하던 일을 계속해라.

keep 다음에 다른 말을 붙여서
다양한 내용을 만들 수 있습니다.

길에서 이런 사인을 봅니다. 무슨 뜻이죠?
#Private property.
Keep out.
우리가 말하는 프라이버시는 '사생활'을 말하고
private은 '사적인'이란 뜻입니다.
private property는 '사유지'.
Keep out은 '계속 out' 하라는 거죠.
'출입금지'란 뜻입니다.

keep은 이게 다예요.
#계속 유지하면서 따라오세요!
→ Keep it up!

5 21

How+형용사/부사

많은 분이 아는 표현이에요.
얼마예요? 영어로 하면요?
How much is it?
얼마? How much?

그럼 이 문장들은 어때요?
얼마나 행복해?
예쁘긴 예쁜데, 얼마나 예뻐?
작긴 작은데, 얼마나 작아?

얼마예요? 얼마나 작아요?
똑같이 '얼마'라고 했다고 다 how much가 아
닙니다.
아래 문장을 만들어보세요.

#넌 행복하니?
$\qquad$ → Are you happy?
넌 얼마나 행복하니?
얼마만큼 happy 한지가 궁금한 거죠. 그래서
How happy
그다음에 나머지는 그대로 내려오면 됩니다.
→ How happy are you?

간단하죠? How much는 들어가지 않아요. 그
럼 적용해보세요.

HOW + ADJ

→ K-POP boys are pretty!

얼마큼 → How pretty
　　　→ How pretty are they?

상황) 소개를 받고 싶은 남자를 찾고 있습니다.

　　　→ How is he?

　　　→ He is old.

얼마나 old 한데? 하는 뜻이죠.
　　　→ How old is he?

That man is old.
Is he old?

얼마나 old	한데?
How old	is he?

이제 왜 나이를 물을 때
How old are you?
라고 하는지 보이죠? 얼마나 old 한지 묻는 겁
니다.

> '쓰다'는 bitter [비터] <
　　　→ This tastes bitter.

　　　→ How bitter is it?

> Europe / visit <
'전 자주' → I often
'놀러 가다'는 visit를 씁니다. → visit
친구 집에 놀러가는 것은 그냥 go 하면 되
지만, 어딘가 준비해서 놀러가는 것은 visit
를 쓰면 돼요.
　　　→ I often visit Europe.

자주이긴 자주인데, 얼마나 자주냐고 묻
는 거죠.
　　　→ How often do you go?

어렵지 않죠?
그럼 연습장으로 넘어갈게요.

#이거 얼마나 길까? 이거 너무 길다.

long

.... How long is this? This is too long.

#A: 저는 제 비밀번호를 자주 변경해요.

password / change

.... I often change my password.

#B: 얼마나 자주 비밀번호를 변경하시는데요?

.... How often do you change your password?

#재(남)는 특별해. 얼마나 특별하냐고? 말로 표현을 못
하겠어!

special / words / describe [디'스크*라이브]=말하다, 묘사하다

He is special. How special is he?

....I can't describe in words!

#A: 저거 매우 비싼 차야!

expensive [익스펜씨*브]

....That is a very expensive car!

#B: 얼마나 비싼데?

.... How expensive is it?

"

우리한테는 귀찮은 일이지만 영어는 수를 좋
아해서 분류한다고 했죠?
"얼마나 많은데?" 할 때,
셀 수 있는 것일 때는 How many?
셀 수 없는 것일 때는 How much?
그래서 돈이 얼마냐 물을 때는 how much였
지만 셀 수 있는 것은 many로 들어갑니다.
그럼 다음 문장을 만들어보세요.

#난 친구들 많이 있어.
　　→ I have many friends.
#몇 명 있어?
　　→ How many do you have?
#친구 몇 명 있어?
　　→ How many friends do you
　　　have?
이렇게 되는 거예요.
그럼 연습장에서 직접 만들어보고 정리하죠!

#너희 할머니 연세가 어떻게 되셔?
gran

.... How old is your gran?

#그분(여)은 자녀분이 몇 있으시죠?
children

.... How many children does she have?

#A: 애(남) 키 커.
tall

....He is tall.

#B: 그래? 얼마나 큰데? (키가 몇인데?)

....Yeah? How tall is he?

#얼마나 마실 수 있어? (주량이 어떻게 돼?)
drink

.... How much can you drink?

#쟤(여)는 몇 개 언어를 하는 거야?
language [랭귀지]

....How many languages does she speak?

#쟤(남)는 돈이 얼마나 있는 거야?
money

.... How much money does he have?

#너 절박하냐? 얼마나 절박한 거냐?
desperate [데스퍼*럿트]=필사적인, 절실한

....Are you desperate? How desperate are you?

261

5 22

ly 부사

PROPERLY

단어 하나 배우고 갈게요.

영어에서 정말 많이 사용되는데 많은 분이 사용할 줄 모르더군요.

아래 문장을 영어로 말해보세요.

#영어를 배우세요.
→ Learn English.
제대로! 배우세요, 라고 할 때 '제대로'가 영어
로 **properly** [프*로펄리]입니다.
위치는 두비 뒤쪽으로 넣으면 돼요. 날치여서
움직이지만 많이 사용하는 위주로 탄탄해지
면 됩니다.

#영어 제대로 배워!
→ Learn English properly!
간단하죠?

#그냥 거기 앉아만 있지 마!
→ Don't just sit there!
#다시 제대로 해!
Do it again을 제대로 하라는 것이니 엑스트
라 순서에서 맨 뒤에 넣어주면 됩니다.
자연스러운 순서대로 가면 돼요.
→ Do it again properly!
Do it properly again!

#중얼거리지 마.
> '중얼거리다'는 mumble [멈블] <
→ Do not mumble.
#똑바로 말해.
'똑바로'가 여기서는 제대로 하라는 거죠? 우
리말은 변형이 많지만 느낌은 같잖아요.
→ Speak properly.

끝! 연습장에서 직접 만들어보세요.

Learn English : **properly!**

제대로
하라고!

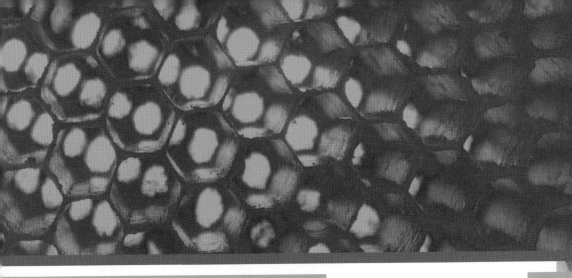

#어머님의 아드님은 제대로 집중을 안 한답니다.
boy / concentrate [컨센트*레이트]

.... Your boy doesn't concentrate properly.

#그분(여)은 항상 이 의식 절차를 제대로 하세요.
ritual [*리츄얼]

.... She always does this ritual properly.

#재(남)는 문을 제대로 안 닫아.
door

.... He doesn't close the door properly.

#제 방에 있는 창문이 제대로 안 열립니다.
window

The window in my room
.... doesn't open properly.

#확실하게 준비하세요.
prepare [프*리'페어]

.... Prepare properly.

#제 방에서 좀 볼 수 있을까요? 이건가요?
전 맘에 안 들어요. 가서 다시 해요.
제대로 해봐요, 아셨죠?

Can I see you in my room? Is this it?
I don't like it. Go and do it again.
.... Do it properly, okay?

523

전치사 / 부사

Under

이제 큰 껌딱지들은 거의 다 배웠고
쉬운 껌딱지들만 남았어요.
이번 스텝은 간단합니다. # 문장 만들어보세요.

#땅에 앉지 마.
#땅은 영어로?   → the ground
Don't sit 다음에 땅 위에 앉으면 표면이 닿으니까 on을 써요. → on the ground
→ Don't sit on the ground.

#놀이터는 영어로?
                → playground [플레이그*라운드]
play 하는 ground인 거죠.
'학교 운동장'은 school field [*필드]라 부릅니다. field는 '들판'인데, 실제 영어권 학교 운동장은 field처럼 생겼거든요.

땅이 ground면 '땅속'은 영어로?

underground [언더그*라운드]
under는 '밑에, 아래에'라는 느낌이 있는 껌딱지도 된답니다.

underground를 풀어쓰면 땅 밑인 거죠.
영국 런던 지하철 사인을 보면 Underground 라고 쓰여 있습니다.

지하철이 런던에 제일 먼저 생겨서 처음 지하철을 탔는데, 기차도 아닌 것이 땅 아래를 다니니까 under-ground 느낌이 더 강해서 그렇게 지었을까요?

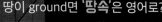

Under

밑에, 아래에

UNDERGROUND

TRANSPORT FOR LONDON

#압력은 영어로?
Hint. #혈압은 영어로 뭐죠?
→ blood pressure [블러드 프*레셔]
press [프*레스]는 영어로 '누르다'라는 뜻이
고, 거기서 생겨난 단어예요. pressure = 압력

#그 버튼 누르지 마!
→ Don't press that button!

그러면
#under pressure는 뭘까요?
압력 밑에, 압력 아래에 있는 거죠.

#I am under pressure.
이렇게 말하면 어떤 기대치나 압력에 의해 중
압감을 받고 있다는 말입니다.
껌딱지로 간단하게 표현되죠?

#저희 할아버지는 돈을 매트
리스 밑에 두세요.
My grandfather keeps his money~
다음에 어디에 둔다고요?
매트리스 아래에 두는 거죠.
→ under the mattress
→ My grandfather keeps his money under
   the mattress.

또 하나 해볼까요?
#Is everything under control?
모든 것이 컨트롤 밑에 있느냐, 그래서 일이
제대로 돌아가고 있느냐고 묻는 겁니다.

#저희 연간 수익은 100억 아
래입니다.
> annual [아뉴얼]은 연간, 매년, 한 해를 말할
때 씁니다. / income / 10,000,000,000 <
그래서 '나이테'를 영어로, annual ring이라
고 해요.
→ Our annual income is under 10 billion.

1년마다~
연간
annual

#A: 내 폰 어디 있지?
phone

.... Where is my phone?

#B: 식탁 아래에 있어.
table

.... It is under the table.

#내 펜이 네 의자 밑에 있네. 좀 주워줄 수 있어?
chair / pick up

My pen is under your chair.
.... Can you pick it up for me, please?

#오늘 밤에, 우리는 이 나무 아래에서 잘 거야.
준비되었나?
tonight / tree / sleep / ready

Tonight, we will sleep under this tree.
.... Are you ready?

#Mike는 우리랑 같이 못 있어. 19세 미만이잖아.

....Mike can't be with us. He is under 19.

#여동생이 면접이 있다고요? 동생이 그곳이 어디인지
아나요?
interview

Your sister has an interview?
.... Does she know where that is?

#정치인들은 변화할 겁니다.
politician [폴리티션] / change

.... Politicians will change.

#정치인들은 이 새로운 법 아래에 변화할 겁니다.
new / law [로]

.... Politicians will change under this new law.

266

옛날 안 좋은 이야기를 꺼내자 누군가 소리칩니다.

#Don't bring up that story!

가지고 up, 올라오지 말라는 겁니다 / 그 이야기를.
"왜 옛날이야기를 꺼내?"라는 말과 같은 겁니다.
bring up, 묻혀둔 것을 가지고 올라온다는 뜻이죠.

#It's water under the bridge.

물이야 / under the bridge.
'다리 밑에 물이야.' 무슨 말일까요?
다리 밑의 물은 계속 흘러 지나가기 마련이잖아요.
"다 지나간 일이야"라고 말하는 겁니다. 재미있죠?
연기해보세요.

#A: 미안해.
　　　→ I am sorry.
#B: 걱정 마. 다 지나간 일이야.
　　　→ Don't worry. It's water under the bridge.

에미상과 골든 글로브상을 수상한 미국 드라마

Six Feet Under

국내에도 방영됐는데 제목이 〈식스 핏 언더〉입니다.
우리말로 하면 '여섯 개 발들'인데 무슨 뜻일까요?
영어는 평균 발 사이즈를 30.48센티미터로 보고
그것을 1foot이라고 해서 단위를 만들었어요.
그래서 6feet면 30.48 x 6 = 182.88센티미터
그럼 '1.83m Under'라는 건데 무슨 말일까요?

무덤을 팔 때 이 정도 깊이까지 파야 야생동물들이 파먹지 않는다
고 합니다. 그래서 서양은 무덤 깊이를
6feet로 정해놓는다고 해요.
Six Feet Under는 무덤 속에 묻혀 있
다는 뜻입니다. 죽은 거죠.
제목이 재미있죠? 장의사 가족에 대한
이야기랍니다. 자, 그럼 under는 쉬우
니 여기서 정리합니다.

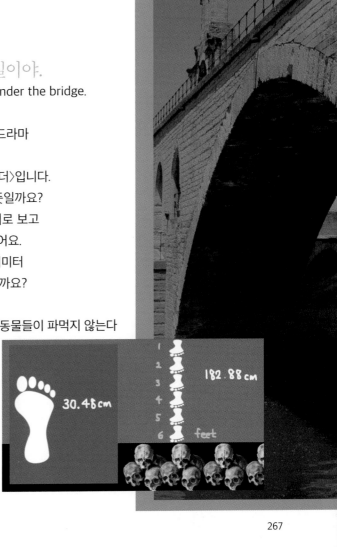

질문을 해야 하는데 뒤집을
카멜레온이 없어요! 그럼 바로 그
자리에 WH가 나오면 된다고 했죠?

WH 주어

#똑똑.
>'노크하다'의 '노크' 스펠링은 knock <
know처럼 k가 발음되지 않습니다.
→ Knock knock.

누구세요?
앞에 있는 사람에게 **"누구세요?"** 하면
"Who are you?"지만 여기서는 그 공간에 누
가 있느냐고 묻는 거죠.
그래서 영어는 다르게 묻습니다.
Hint: '지금 내가 거기에 있다'를 영어로 어떻
게 말할까요?
I am there.
지금 여조카가 거기에 있으면?
> 여자 조카는 niece [니스] <
→ My niece is there.
그런데 누가 거기에 있는지 모르면요?
앞에 카멜레온을 모르니 바로
Who is there?

My niece	is there.
Who	is there?

이렇게 앞에 who를 붙이고 나머지 그대로 내
려서 만든 겁니다. 지금 카멜레온에 누가 들어
갈지 몰라서 묻는 것이기 때문에, WH를 넣고
3총사 취급해서 기둥은 IS로 갑니다.

Who is there?
(거기) 누구세요?

She is의 기둥을 묶어 She's로 할 수 있듯
Who is도 묶어 "Who's there?"로 말할 수 있
답니다. Who's [후즈].

Knock, knock은 영어에서 유명한 말입니다.
이 말을 시작으로 말장난을 만들 수 있거든요.
영어를 할 줄 아는 아무에게나 가서
"Knock, knock"이라고 말해보세요. 그럼 바
로, "Who's there?"이라고 반응할 겁니다.

그러면 여러분은 거기에 맞게 농담을 만들 줄
알아야 해요. 웃긴 건 아닌데 영어가 말의 소
리를 가지고 장난치는 걸 좋아해서 나오는 농
담입니다. 예를 보여드릴게요.

Who's there?
하면 먼저 이름을 말합니다.
Honey bee. 이것을 자신의 이름인 양 말하는
겁니다. Honey bee는 꿀벌이죠. 그럼 상대는
다시 그 사람의 성을 물어봅니다.
Honey bee who?

이때 농담이 나와야 합니다.
Honey bee a dear and get me a soda.
보이세요? 말장난을 한 겁니다. 원래 이 말은,
"Honey, be a dear and get me a soda."
"허니야, 착한 이가 되어 나 소다 좀 갖다 주
렴"이 되는 거죠.
썰렁하지만 종류가 정말 다양해서 자꾸 접하
다 보면 재미있을 때도 있습니다.

베토벤의 '바바바 밤~~~~~~밤밤밤 바~~~'
들어보셨죠?
베토벤은 그의 비서에게 이것이 노크 소리라
고 말했다고 하고, 베토벤의 제자 '체르니'는
아니라고 한다죠. 여하튼 들리는 전설로 보자
면 누가 노크를 하고 있나요?

베토벤 이전에는 이런 웅장한 소리를 음악에
서 듣지 못했겠죠. 커다란 노크 소리.

#문 앞에 누구죠?
이 말을 영어로 바꾸면?
'앞'이라는 말도 필요 없어요.
우리 집에서 딱 문에 포인트를 둔 겁니다.
포인트 껌딱지. at the door.
→ Who is at the door?

다시, 누가 노크를 하고 있나요?
바로 운명이랍니다.
fate [*페이트]
운명이 당신의 문을 노크하는 겁니다.
그래서 '운명 교향곡'이라고 부른답니다.

운명이라고 하면 fate와 destiny [데스티니]가 있는데 fate는 바꿀 수 없는 팔자 같은 운명이고
destiny는 내가 직접 행동으로 바꿔가는 운명을 말합니다.
서양은 운명도 이렇게 둘로 분류합니다. 조금만 더 구조로 접해보죠.

'What's up?' 이란 말 들어보셨죠?
What is up? '뭐가 up 되었어?' '내가 모르는 일이 있어?'라고 묻는 겁니다.
그래서 친구를 만날 때 What's up? 혹은 기분 나빠 보이는 애한테도 What's up? 묻습니다.

#통화하는 사람 누구야?
껌딱지 사용해서 간단히 만들어보세요.
Hint: 통화할 때 수화기에 내 귀가 닿아 있죠? 표면에 닿는 껌딱지!
→ Who is on the phone?

연습장에서는 shifting이 들어갑니다. 직접 만들어보세요.

#뭐가 웃겨?
funny

.... What is funny?

#그 박스 속에 뭐 들었어?

.... What's in that box?

#여기는 무슨 일로 왔어?

.... What brings you here?

#감사원들은 누가 감시하나?
watcher / watch

.... Who watches the watchers?

#누가 다음이야?
next

.... Who's next?

#뭐가 경련을 일으키죠?
cramp=경련, 쥐 / cause [코즈]=야기하다, 초래하다

.... What causes cramp?

#뭐가 잘못된 거야?
wrong

.... What is wrong?

좀 더 해보죠.
누가 여기 책임자예요?
'책임자'는 manager로 하면 됩니다.
manage는 '관리하다'라는 뜻이 있다고 했죠?
→ Who is the manager?

우리말은 '관리자, 책임자'란 단어를 어떤 상황에서든 쉽게 붙일 수 있습니다. 하지만 영어는 manager를 아무 상황에나 쓰지 않습니다.

아이들에게, "네가 오늘 여기 책임자야. 동생들 잘 관리해" 이렇게 말할 수 있습니다. 하지만 manager는 직책으로, 하루 담당하는 직무에는 사용되지 않습니다.

예를 들어, 특별한 날 담임선생님이 그날의 어떤 부서 책임자를 맡으셨습니다. 이럴 때는 in charge라고 합니다. 만들어볼까요?
여기 책임자가 누구입니까?
→ Who is in charge here?

271

자, 스텝이 쉬우니 어려운 번역 들어가볼까요?

영국 작가 조지 오웰의 책 《1984년》
영어로는? Nineteen Eighty-four.
권력이 화면을 통해 자국민을 감시하는 미래
가 올 것이라는 내용의 책입니다.

1948년에 쓰였고 지금도 이 책에서 사용된 단
어들이 부지기수로 다른 많은 작품에 인용되
고 있습니다.
백남준 작가는 1984년에 'Good morning Mr.
Orwell'이라는 작품으로 세계 최초의 인공위
성을 통한 라이브 방송을 만들었답니다.

1984년 위성방송을 통해 프랑스 파리 퐁피두
센터에서 라이브로 방영, 미국, 프랑스, 독일과
한국에도 방송되며 전 세계 2,500만 명이 본
작품. Good morning Mr. Orwell.

여기서 Mr. Orwell은 《1984년》의 작가인
George Orwell을 말하는 겁니다. 그의 유명
한 글귀를 번역해볼까요?

Who controls the past
controls the future.
Who controls the present
controls the past.

우선 우리말 문장을 영어로 만들어보죠.
#난 과거를 컨트롤한다.
> past / 컨트롤하는 것은 그것을 조정하는 겁
니다. <
→ I control the past.

#누가 과거를 컨트롤하죠?
→ Who controls the past?

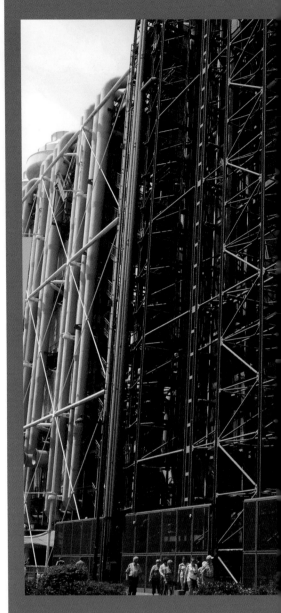

문장 다시 보죠.
Who controls the past controls
the future.
처음에는 그냥 질문인 줄 알았나요?
잘 보니 WH 1이죠. WH 1은 부지기수로 나오
니 질문인지 WH 1인지 잘 보셔야 합니다.
다른 곳에서 봤는데 혹시 모르겠다면 우리가
아직 안 배운 스텝일 수 있습니다. 먼저 이것
들부터 탄탄하게 한 다음 밟아나갈 겁니다.

Who controls the past controls the future.

과거를 컨트롤하는 사람이, control 한다 /
the future, 미래를.
좀 괜찮은 우리말로 바꿔보죠.
과거를 조정하는 자가 미래를 조정한다.

실제로는 이런 번역이 더 자주 쓰입니다.
'과거를 지배하는 자가 미래를 지배한다.'
'조정'보다 '지배'라는 단어가 더 잘 어울리는
거 같죠? 그럼 다음 문장을 바로 번역해보죠.

Who controls the present controls the past.

같은 방식이죠?
현재를 지배하는 자가 과거를 지배한다.
카멜레온이 'Who controls the present'인
겁니다.
DOES 기둥에는 두비에서 do 쪽인 control이
들어갔죠?

이 말은 《1984년》에서 권력을 잡은 당이 이전
의 신문 기사들을 편집하는 장면에서 나온답
니다. 역사를 왜곡하는 현장인 거죠.

《1984년》은 재미있어서 손을 떼기 힘든 책이
랍니다. 나중에 저 책을 영자로 읽는 날을 기
대하면서!

Who controls the past?

↓

Who controls the past : does control the future.

🐿 | (do)(be)   ex̶tra

#다음은 뭐죠? 영어로?
> next <
→ What's next? What is next?

5²⁵

형용사를 부사로

Adverb ~ ly

쉽지만 큰 스텝 하나 들어갑니다. 워낙 여러 곳에
사용되어 예문을 많이 접하면 좋습니다.

Slow

I am slow, '난 늦다'는 거죠?
I am late가 아니에요. '천천히 하는 사람'인
겁니다. 천천히 이해하고, 천천히 움직이는, 상
태가 slow 한 사람.
아래 문장을 영어로 말해보세요.

#그거 읽어!
→ Read that!

읽으마! 어떻게 읽어줄까? 조용히? 시끄럽게?
행복하게?

천천히 읽어!

뭔가를 하는데, '천천히 하라'는 말이죠.
그럴 땐 slow 뒤에 **ly** [리]**만 붙이면
돼요.** slowly [슬로울리]
→ Read it / slowly!
그럼 바로 직접 만들어보세요.

Read it!

Read slowly!

#천천히 읽어!
명령이니 Read 다음에 '천천히', slowly를 붙이면 된다고 했죠?
→ Read slowly!

#걸어!
→ Walk!
#조용히 걸어!
> '조용히'는 quiet <
→ Walk quietly [쿠아엇틀리]!
걷는데, 조용히 걸으라는 겁니다.
좀 더 해보죠.

#네 돈을 써라!
> '쓰다'는 spend <
→ Spend your money!
#현명해져라!
> '현명한'은 wise [와이즈] <
→ Be wise!
#네 돈을 현명하게 써라!
→ Spend your money wisely!
'현명한'이란 뜻의 wise 뒤에 ly [리]만 붙이면 되는 거예요. 쉽죠?

#춤춰봐!
→ Dance!
#나 행복해.
→ I am happy.
#행복하게 춤춰봐!
→ Dance happily!

영어는 y를 단어 중앙에 잘 안 넣는다고 했죠? 중앙에 있을 경우는, y랑 소리가 비슷한 i로 바꿔서, ily로 변형해주면 됩니다. 스펠링이 바뀔 뿐이지 소리는 그대로니까 쓸 때 기억하면 돼요.

차가 오니 조심하라고 할 때는
Watch out!
"잘 봐! 조심해!"
일반적인 상황에서 '조심해!', 조심한 상태로 있으라고 할 때는
Be careful!
적용해보죠.

#이 장치 좀 다뤄!
> device [디'*바이스] / treat [트*릿트] <
→ Treat this device.

#이 장치 조심히 다뤄!
→ Treat this device carefully.

하나 더 하고 연습장 가죠.

#운전해!
→ Drive!
#안전하게 지내.
→ Be safe.
#운전 안전하게 해!
→ Drive safely!
#운전 조심히 해!
→ Drive carefully!

어렵지 않죠? 적응하면 됩니다. 바로 연습장으로 들어갈게요.

#1. 너 얘기할 수 있어?

.... Can you talk?

#2. 천천히 좀 얘기해줄 수 있어?

.... Can you talk slowly?

#3. 넌 천천히 얘기해줄 수 없어?

.... Can't you talk slowly?

#1. 저 파일 좀 봐!

.... Look at that file!

#2. 조심해!

.... Be careful!

#3. 조심히 봐!

.... Look carefully! / Look at it carefully!

#1. 이거 쉽다.

.... This is easy.

#2. 난 이거 할 수 있어.

.... I can do this.

#3. 난 이걸 쉽게 할 수 있어. 넌(쉽게 할 수 있어)?

.... I can do this easily. Can you?

#1. 착하게 굴어!
nice

.... Be nice!

#2. 말해!
speak

.... Speak!

#3. 착하게 좀 말해!

.... Speak nicely!

276

영화를 보면 'Drive safely!' 대신 'Drive safe!' 란 말도 접할 겁니다. 문법을 중요시 여기는 사람들은 저 말이 문법적으로 틀렸다고 지적하겠지만 의외로 실제 영어에서는 문법적으로 틀린 말들도 워낙 많은 사람이 사용해서 통용되는 경우가 자주 있습니다.

그중 하나가 'Drive safe!'

실제 영문학 대가들 중 하지 말라는 문법들을 일부러 열심히 사용한 작가들도 상당합니다. 언어의 마스터라면 현재 언어 룰을 깨고 새로운 것을 만들어내기도 하는 거죠. 언어는 그렇게도 변합니다. 말하는 사람들에 의해 변하고, 작가들에 의해 변하고, 그러니 배운 것과 다른 것이 나와도 당황하거나 헷갈려 하지 마세요.

앞에서 배운 ly 어렵지 않죠?
엑스트라처럼 문장 뒤에 붙여주시면 되고 만약 엑스트라가 한 개 이상일 경우는 그냥 맨 뒤에 붙여주세요.

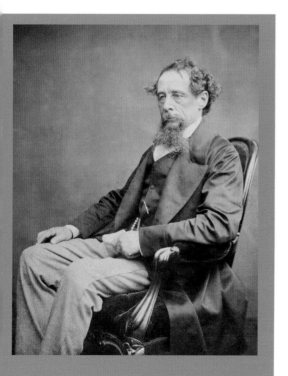

우리 스텝 05²²에서 properly 배웠었죠?
여기도 ly가 나타났어요. 뒤의 ly를 빼고 **proper**라고 하면 '제대로 된'이란 뜻입니다. **proper dinner** 하면 '제대로 된 저녁 식사' 를 말하죠.

#말해!
　　　　→ Speak!
#제대로 말해!
　　　　→ Speak properly!

이제 왜 ly가 저렇게 붙는지 보이죠? 그럼 연습장을 반복한 후 새로운 문장들도 직접 만들어보세요!

전치사

Like 1

영어로 말해보세요.
#저희 언니는 외과 의사예요.
> 외과 의사는 doctor와 분류해서 surgeon
[썰전]이라는 다른 명칭으로도 불러준답니다. <
→ My sister is a surgeon.

제 남자 친구는 외과 의사처럼 행동해요.
외과 의사인 것과, 외과 의사처럼 행동하는 것은 큰 차이가 있죠.
이렇게 '~처럼'이라 할 때는 껌딱지를 붙이면 돼요.
바로 **like** [라이크]랍니다.
'좋아하다'라는 뜻의 do 동사와는 소리만 같지 달라요. '좋아하다'는 두비에 들어가는 do 동사이고
지금 배우는 like는 껌딱지, 위치가 다르겠죠? 만들어볼게요.

I like you. VS. I am like you.
차이가 보이세요?
I like you는 무슨 기둥이죠?
기둥이 안 보이니 DO 기둥! "나 너 좋아해."

I am like you는 BE 기둥!
I = like you 해서
내 상태가 = like you, '너 같다'라고 하는 겁니다. "나 너랑 닮았다"라고 말하는 거예요. 생긴 것이 아니라, 성격 자체가 말이죠. 그럼 외모가 닮았을 때는 어떻게 말할까요?

여러분은 이미 만들 수 있어요. 스텝 05⁰⁷에서 배운 거 있잖아요.

#쟤 브래드 피트처럼 보인다.
→ He looks like Brad Pitt.
"쟤 브래드 피트 닮았다"라고 말하는 거죠.

다음은 유명한 노래 가사. 의외일 거예요. 만들어보세요.

#제 남자 친구는 외과 의사처럼 행동해요.

제 남자친구는 → My boyfriend
평상시 그렇게 행동하니 DOES 기둥. 숨겨서 → ( )

do be '행동하다'는 → acts

extra '외과 의사처럼'은 껌딱지를 붙여서
→ like a surgeon
→ My boyfriend acts like a surgeon.
간단하죠?

#나처럼 춰봐요.
→ Dance like me.
나처럼 하라는 거니까 like를 붙여주는 거죠.
#요렇게! 이렇게!
→ Like this! And like this!
요렇게든 이렇게든 내 반경 안이니 영어로는 like this!

#네 속옷 이런 식으로 접어!
> underwear [언더웨어] / fold [*폴드] <
→ Fold your underwear like this!

279

#엄마! 날 비교하지 마, 엄마 친구 아들과.

Mom! Do not compare me 다음에 '엄마 친구 아들'이 들어가야 하는데 바로 들어가면 '나 엄마 친구 아들'이 되니 껌딱지가 필요해요. 나를 비교하는데, '그 아들'과 비교하는 거니까 방향이 그리로 가야 하죠? 방향 껌딱지! → to your friend's son
우리는 '엄마 친구 아들'이라고 하지 '당신 친구 아들'이라고 안 하지만 영어는 쓸데없는 반복을 싫어하니 엄마가 앞에 있으면 your friend's son인 겁니다. 다시 말해보세요.

#엄마! 날 비교하지 마, 엄마 친구 아들과!

→ Mom! Do not compare me to your friend's son!

#난 그 아이 같지 않다고!

→ I am not like him!

#난 그냥 나라고!

→ I am just me!

다음을 따라 하면서 like에 대한 감을 키워보세요.

상황) 누군가 날 그윽하게 쳐다봅니다.

#A: 부탁인데 날 그렇게 보지 마.

→ Please don't look at me like that.

#B: 뭐 어떻게?

→ Like what?

(상대방의 그윽한 표정을 따라 하면서)

#A: 이렇게!

→ Like this!

이제 영어로 읽어보고 정리할게요.

#Keep healthy snacks, like fresh fruit and veg, in the house.

무슨 기둥이죠? 항상 기둥을 찾으세요.
명령 기둥이죠!

Keep 가지고 있어라!

healthy snacks. 건강한 스낵들을,

like fresh fruit and veg. 프레시 한 과일과 야채 같은 것을,

veg는 야채. vegetable [*베쥐타블]을 줄인 말로 veg [*베쥐]로 읽습니다.

in the house. 집 안에.

집 안에 신선한 과일이나 야채 같은 건강한 간식들을 두라는 거죠.

vegetable이 야채여서 '채식주의자'들은 vegetarian [*베쥐테리언], 우유, 계란, 치즈까지 안 먹는 엄격한 채식주의자들은 vegan [*비간]이라고 한답니다.

그럼 연습장 하고 정리하죠!

#난 그거 너처럼 못 하겠어.

....I can't do that like you.

#저 여자애 네 여자 친구 닮았다.
아니다, 안 닮았다.

That girl looks like your girlfriend.
.... Actually, she doesn't.

#걔(여) 너랑 비슷해. (너 같아.)

.... She is like you.

#주스가 피처럼 보이네. 맛은 건포도 같고.
blood [블러드]=피 / raisins [*레이즌즈]=건포도

The juice looks like blood.
....And it tastes like raisins.

#부탁인데 그렇게 날 쳐다보지 마.

.... Please don't look at me like that.

#우린 크리스마스에 칠면조 먹어.
칠면조는 큰 닭이랑 비슷해.
turkey [털키]

We eat turkey on Christmas.
.... Turkey is like a big chicken.

#저 말은 당나귀처럼 생겼는데, 당나귀 아니야?
horse / donkey [덩키]=당나귀

.... That horse looks like a donkey. Is it not ?

#저거 곰이야? 곰처럼 보여~ 아니다, 아니야.
그냥 큰 개야! 그런데 정말 곰처럼 생겼다.
bear [베어]

Is that a bear? It looks like a bear.
No, no, it is just a big dog! But it
.... really does look like a bear.

ly 2탄 exactly actually

이번에는 배우지 않은 단어를
접했을 때, 어디서 왔는지
추측해볼 수 있는 skill(기술)을
익혀보죠.

actually, really, properly
보면 뒤에 다 ly가 붙어 있고
slow가 slowly가 되는 것과
같다고 했죠?
좀 더 익숙해질 수 있도록
다른 것도 접해봅시다.

'정확한 숫자'를 말할 때
'exact [이그*젝트] number'라고 해요.
exact는 '정확한'이란 뜻이 있죠.

번역해보세요.
#I don't know / my exact
time / of birth.
몰라 / 내 정확한 시간을~ 다음에 한 번 더 들
어가서, 시간은 시간인데 birth의 시간이네요.
birth는 탄생. 탄생의 시간, 태어난 시간을 말
하는 겁니다.
그래서 생일이 birth-day인 거예요. 직역하
면 탄생일.
I don't know my exact time of birth.
저는 제가 태어난 정확한 생시를 몰라요.

다음 문장을 영어로 바꿔보세요.

상황) 감독관이 왔는데 외국인입니다.
#A: 저분(남자)이 저희 감독관
인데, Dutch[더치] 분이세요.
→ That man is our supervisor, and he is
   Dutch.
#B: 더치라면 저분은 네덜란
드 출신이네요?
→ Dutch so he is from the Netherlands?
#A: 네, 맞아요!
이때 yes보다 더 강하게 "맞아요!"라고 대꾸하
고 싶으면
Exactly [이그*젝틀리]
라고 합니다.

'정확한'이란 뜻의 exact에 ly를 붙인 거죠?

#당신 말이 정확하게 옳아요!

>→You are exactly right!

이 말을 줄여서

#네!

>→ Exactly!

새로운 것을 보여드릴게요.

#1. 저분(남자) 이상해.

>→ That man is strange.

#2. 그런데 이상하게도, 아름다운 와이프가 있으셔.

>→ But strangely, he has a beautiful wife.

어렵지 않죠? 메시지 전달이 비슷하잖아요.

이렇게 엑스트라를 앞에 넣으면서 기둥 문장 전에 배경, background를 깔아주는 거죠.

하나 더 해볼게요.

#1. 솔직하게 굴어!

>→ Be honest!

#2. 솔직히 말해서, 전 행복하지 않아요.

'말해서'까지도 필요 없어요. 간단하게.

>→ Honestly, I am not happy.

마찬가지로 honestly를 먼저 꺼내고 기둥 문장을 말하면 이렇게 배경을 깔게 되는 거죠. 기둥 문장 전체를 다 커버하는 겁니다.

#솔직히, 잘 모르겠어요. (확신이 안 들어요.)

>→ Honestly, I'm not sure.

이런 식의 배경 문장이 나올 때는 콤마를 찍으니까, 여러분도 금방 만들 수 있을 거예요.

전에는 엑스트라 자리에 나오는 것을 연습했다면, 이번에는 배경에 까는 것을 연습할 겁니다. 만들다 보면 정말 별것 없다는 것을 알게 될 거예요.

#솔직히 말하면, 난 이해가 안 가.
정말로, 사람들이 이걸 왜 사는지 난 이해가 안 가.

Honestly, I don't understand.
.... Really, I don't understand why people buy this.

#1. 슬퍼 보인다. 괜찮아?
sad

.... You look sad. Are you okay?

#2. 슬프게도, 그분(남)은 저희와 함께 있지 않으십니다.

.... Sadly, he is not with us.

#1. 이거 행운의 부적이야. 너한테 빌려줄게.
lucky charm [참] / lend

.... This is a lucky charm. I will lend it to you.

#2. 운이 좋게도(다행히도), 저희는 이 오류를 바로잡을
수 있습니다.
error / correct

.... Luckily, we can correct this error.

#보통, 전 이걸 안 하죠.

.... Normally, I don't do this.

#1. 이건 매우 다행스러운 일입니다.
fortunate [*폴쳐넛트]

.... This is very fortunate.

#2. 제 마감 날이 가까운데, 다행히 저희 상사는
융통성이 있으세요.
deadline [데드라인] / close / flexible [*플렉씨블]

My deadline is close, but
.... fortunately my boss is flexible.

새로 배웠다고 이미 배운 것을 까먹으면 안 되겠죠? 배경, 엑스트라 모두 왔다 갔다 만들어보고 정리할게요.

'사람 1명'은 영어로?
> → a person

personal [펄스널]은 '개인적인'이라는 뜻입니다.
'개인 트레이너'는 personal trainer, 그래서 헬스에서 P.T라고 하는 겁니다.

이건 개인적인 일이야!
> → This (matter) is personal!

상황) 일을 제대로 못 해서 의견을 말했더니 상대방이 기분 나쁘게 받아들이네요.

Don't take my words personally.
가져가지 마 / 내 말들을 / 개인적으로
개인적인 감정의 말이 아니니 personally, 개인적으로 받아들이지 말라는 겁니다.

제 말을 너무 개인적으로 받아들이지 마세요.
→ Don't take my words personally.

Just take it seriously.
그냥 받아들여 / seriously 하게. 무슨 뜻일까요?
serious는 '심각한'이니 '심각하게만 받아들여'라는 뜻이에요.
심각하게 하는 충고니까 감정적으로 받아들이지 말라는 겁니다.

내 말을 개인적으로 기분 나쁘게 받아들이지 말고.
> → Don't take my words personally.

진지하게만 받아들여.
> → Just take it seriously.

이번엔 배경으로 깔아볼까요?
심각하게 말씀드리는데, 저희에게 문제가 있습니다.
> → Seriously, we have a problem.

어렵지 않죠?

자리만 바꾸면 편하게 다른 식으로 재활용할 수 있으니까 새로운
단어를 익힐 필요 없이 이미 아는 단어를 다른 위치에 넣으면서 말을
꾸며나가고 다양하게 말을 구사할 수 있는 능력이 생기는 거죠.
아는 단어로 말을 얼마나 다양하게 구사할 수 있느냐가 쉽게 외국어에
입문할 수 있는 방법이랍니다.

You don't know what you don't know

자! 번역 3개 내리 들어갑니다.
#You don't know what you don't know.
위치! 문장 구조 잘 생각하세요.
DO 기둥인데 엑스트라 자리에 WH 1 들어간 거죠?
You don't know / what you don't know.
너는 몰라 / 네가 무엇을 모르는지.

뒤에 따라오는 것은 WH 1으로
What don't you know? '넌 무엇을 모르느냐?'
가 뒤집어진 거잖아요.

→ 넌 네가 뭘 모르는지도 몰라.

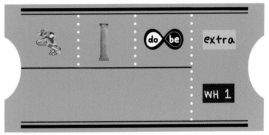

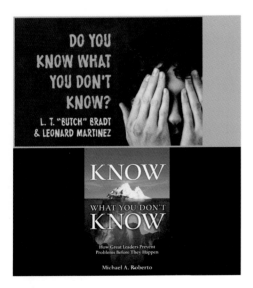

#Do you know what you don't know?
DO 기둥 질문.
너는 아니 / 네가 무엇을 모르는지?
→ 네가 모르는 것들이 무엇인지 아니?

이번에는 책 제목입니다.
#Know what you don't know
'알다'가 아니에요! 명령 기둥입니다!
알아라 / What you don't know
네가 모르는 것이 무엇인지 알아라!
→ 자신이 모르는 것이 무엇인지 알아라.

영어에서는 새로운 단어를 익히는 것도 중요하지만, 아는 단어로 다양하게 말할 수 있는 것도 중요
합니다!

Tag Question!

**DO 기둥과 BE 기둥이
DOES와 IS로 바뀐다고 해도
카멜레온 때문에 기둥 모양이
바뀔 뿐이지 뜻의 차이는 전혀
없습니다. 연습만 하면 되죠.
그럼 바로 들어갑니다!**

천천히 말해!

→ Speak slowly!

정말 천천히.

→ Really slowly.

집주인 아저씨 말 정말 천천히 하지, 그렇지?

> '집주인'은 landlord [란드로드] <

→ The landlord ( ) speaks really slowly, doesn't he?

아저씨는 항상 말을 천천히 하는 것이니 DO 기둥인데 아저씨니까 DOES로 바꿔야겠죠?

어학연수를 가면 그 나라 사람들 집에 머무르면서 지낼 수도 있어요. 같이 지내면서 실제 체험을 하게 되니 다양하게 얻는 것이 많죠.

상황) 내 나이 45, 남자, 어학연수 중. 거실 소파에 앉아 책을 읽는데 전화벨이 울려요. Ring~ Ring~ 이 집 아이가 받는 것을 눈여겨봅니다.

A: Hello, yes, he is in. Wait a moment, please.

뭐라는 거죠?

→ 여보세요. 네. 그분 있어요. 잠깐만요.

딱 보니 저를 찾는 전화입니다.

B: 내 전화지, 그렇지?

'내 전화'라고 굳이 말 안하고 that으로, 간단하게 손가락으로 가리켜도 되겠죠?

That is 다음에 껌딱지로 전달해보세요. → for me

왜 for라고 했는지 보이죠?

그리고 꼬리표 질문, '그렇지?'를 하는데 이미 that은 뻔히 뭔지 알아서 불필요하게 반복하지 않고 **'isn't it?'** 하며 it으로 지시하지 않고 갑니다.

→ That's for me. isn't it?

이번 스텝은 쉬우니까 연습장에서 먼저 기본적인 것들을 스스로 만들어보세요.

#저분이 너네 어머님이시지?

.... She is your mom, isn't she?

#너희 아버지는 저것들 정말 좋아하시지, 아니야?

.... Your father loves them, doesn't he?

#쟤(남) 쑥스러워하는구나, 그렇지?
shy [샤이]

.... He is shy, isn't he?

#이거 어렵겠죠? (그렇죠?)

.... This will be difficult, isn't it?

#A: 걔(남) 못생겼지? 그렇지?
ugly [어글리]

.... He is ugly, isn't he?

#B: 걔(남) 솔직히(정정) 잘생겼거든!

.... He is handsome actually!

#A: 재미있어 보이지, 그렇지?
fun

.... It looks fun, doesn't it?

#B: (정정하면서) 아니, 완전히 (극도로) 위험해 보이는데.
extremely [익'스트*림리] / dangerous [데인져*러스]

.... Actually, it looks extremely dangerous.

> 우리나라에서는 뭔가를 '공룡'이란 단어로 비유하면 그만큼 거대하고 막강한 느낌을 줍니다. 신문 기사에서도 거대한 회사를 표현할 때 '공룡'이라고 말하죠.
> 영어에서 '공룡'은 전혀 다른 느낌으로 쓰입니다.

He is a dinosaur라고 하면, '한물갔다'는 정도가 아니라, 이미 멸종된 만큼 구시대적이라고 하는 겁니다. 너무 구시대적이어서 새로운 것을 어디서부터 가르쳐줘야 되는지 모르겠다는 거죠.
같은 말을 매우 다르게 사용하죠? 자주 하는 실수를 하나 더 접해볼게요.

상황) 아들이 자기 친구가 다쳤다고 우네요.
#왜 그래? (뭐가 잘못되었니?)
→ What's wrong?

친구가 안돼서 그렇구나?

'안됐네. 불쌍하다' 이런 말 잘 쓰죠? 학교에서 '불쌍한'이란 단어를 설명 없이 사전 속 단어 연결로만 배워서 잘못 쓰는 분들 많습니다.

불쌍한: poor
불쌍한 녀석; Oh~ poor boy!
poor는 딱 저 말에서만 '불쌍한'이란 뜻으로 쓰입니다. 보통 문장에서 poor는, '가난하다' 는 뜻입니다.

poor 말고 또 다른 학생들은 pity [피티]를 '동정, 연민'으로 외워서 '불쌍한' 대신 쓰기도 하는데 **조심하세요!!** pity는 사람에게 쓰면 안 됩니다!
I pity you 하면 '쯧쯧, 참 불쌍하게 산다' 느낌입니다. 그러니 정확히 알기 전까지는 안 쓰는 편이 낫겠죠.

pathetic [퍼*쎄틱]을 외운 분도 많은데 그건 '찐따' 같은 강한 느낌으로 '처량하고 초라하다'는 느낌이 강해요. 위 세 단어가 흔하게 '연민, 동정'과 연결되어서 많은 학생이 '불쌍해' 할 때 이 단어들을 써버리는데 전혀 그 의미 전달이 안 되는 겁니다.
그러면 영어로 어떻게 말하면 좋을까요?

I feel sorry

내가 안 좋은, 안타까운 마음을 느낀다는 겁니다.
for my friend.

누구를 위해서요? 내 친구를 위해.
제 친구가 불쌍해요, 안됐어요.
→ I feel sorry for my friend.

왜냐하면 정작 상대방은 멀쩡할 수 있거든요. 예를 들어 장애가 있는 자녀를 둔 부모를 보고 주위에서 '에휴, 불쌍한 것'이라고 할 때 그건 그 사람들의 감정이지 정작 그 가족은 최고로 행복할 수 있잖아요. 정말 저 가족이 불쌍한 것이 아니고 당신이 안됐다고 느낄 뿐이니 '그렇게 느낀다'라고 feel sorry로 해주는 겁니다.

바라보는 것이 많이 다르죠?
한 번 더 말해보세요.
#네 친구가 불쌍해서 그렇구나, 그렇지?
→ You ( ) feel sorry for your friend, don't you?

우리말과 이렇게 다르게 전달되는 것은 그리 많지 않으니 걱정 말고 편하게 연습하세요!
그럼 지금까지 배운 기둥들을 가지고 일상에서도 심심할 때마다 직접 말로 만들어보세요!
꼬리표 질문은 생각을 많이 해야 해서 두뇌 회전 훈련에 좋답니다!

529

접속사(비격식)

Like 2

껌딱지 like 배웠죠?
한 번 더 예문들을 접할 겁니다.
우리말과 상당히 다른 느낌의
말들이 있거든요. 그래서 영어
기초 시험에도 자주 나옵니다.
그럼 먼저 복습할 겸 영어로
만들어볼까요?

#A: 내 남편은 아킬레스 같아.

> 아킬레스 이야기 다들 아시죠? 영어로 Achilles [아'킬리~스]라고 발음합니다. <

→ My husband is like Achilles.

#근육질이고 강해.

> '근육'은 muscle [머쓸], '근육질'은 muscular [머쓰큘러] / strong <

→ He is muscular and strong.

#B: 정말? 너희 집 남편이 아킬레스 같다고?

→ Really? Your husband is like Achilles?

#내 남편은 뭐 같지? = 무엇과 비교하는 게 좋지?
위의 질문에서 좀 더 자세하게 WH만 붙이면 되겠죠?
→ What… is my husband like?

집중!! 보세요! 이 질문이 바로
"내 남편이 어떻지?"
라고 묻는 겁니다.
성격을 다른 무엇과 비교하며 묻는 것이죠.

<u>Is my husband</u> like **Archilles?**

What Is my husband like ?

"네 남편은 어때?" 할 때
"How is your husband?"라고 하면 간단할 것 같지만, 그럼 답이 "He is fine"만 대략 나올 수 있잖아요.
그래서 what으로 들어가는 겁니다.

두루뭉술하게가 아니라, '정확히 뭐 같은데? 비교를 해봐'라고 하는 거죠.
그래서 자세하게
"네 남편 어때? 성격 어때?" 이런 질문을 할 때는, "What is your husband like?"라고 말한답니다.

#좋겠네.
우리는 '좋겠다~'라고 하지만 영어에서는 '운 좋네!'라고 잘 씁니다.
"Lucky~ Lucky you~"라고도 잘 말하죠.

친구의 말을 듣다가 내 남편을 생각하며 말합니다.
#내 남편은 아킬레스 같나?
→ Is my husband like Achilles?

Is my husband like Archilles?

293

상황) 첫 수업을 받은 아이에게 묻습니다.
#너희 선생님 어때?
→ How is your teacher?
How로 질문하면 "He is fine" 하고 끝낼 수 있으니 좀 더 비교해서 리스트를 말해봅니다.

"선생님이 여기 목록 중에 뭐랑 닮았어?" 여러분도 리스트를 영어로 말해보세요.
#사자, 천사, 연예인, 아인슈타인.
→ Lion, Angel, Celebrity, Einstein.

#선생님 아인슈타인 같아?
→ Is your teacher like Einstein?
좀 더 자세하게 비교하라고 물을 때는
#선생님 어떠셔?
→ What is your teacher like?

... her parents' home in Novi Sad, gave birth to their baby, a girl whom they called
Lieserl. Because the childbirth was so difficult, Maric was unable to write to him.
Her father sent Einstein the news.
"Is she healthy, does she cry properly?" Einstein wrote Marie. "What are her eyes
like? Which one of us does she more resemble? Who is giving her milk? Is she
hungry? She must be completely bald. I love her so much and don't even know her
yet!" Yet his love for their new baby seemed to exist mainly in the abstract, for it
was not quite enough to induce him to make the train trip to Novi Sad.

위의 편지는 아인슈타인이 아내에게 쓴 것입니다. 내용 중 아인슈타인이 딸에 대해 물어보는 부분을 번역해볼까요?
#Is she healthy, and does she cry properly?
BE 기둥이랑 DOES 기둥이 연결끈 and로 묶여 있죠?
→ 건강해요? 제대로 우나요?

#What are her eyes like?
→ 눈은 어때요?

How are her eyes? 하면 눈의 상태를 물어보는 것이지만,
What are her eyes like? 하면 비교하라는 겁니다. 눈이 루비 같은지, 호수 같은지, 서양은 보통 이렇게 질문하면 색깔을 묻는 겁니다.

#애(여) 눈이 당신 눈 같아요.
→ Her eyes are like your eyes.

어렵진 않은데 '어떠냐'에 like 껌딱지 쓸 생각 못 할 것 같죠? 연습하면서 적응하면 됩니다. 좀 더 자세하게 어떠냐고 묻는 비교 질문이라고 생각하면서 연습장을 해보세요.

#미래는 어떨까?
future [*퓨처]

.... What will the future be like?

#걔(남)는 뭐 같아? (걔는 어때?)

.... What is he like?

#한국은 날씨가 어때?
weather [웨*더]

.... What is the weather like in Korea?

#너희 사촌은 어때?
cousin [커즌]

.... What is your cousin like?

#한국 여자들은 어때?

.... What are Korean women like?

#A: 우리 새 상사(남) 완전 좋아! 쿨해!

.... I love my new boss! He is cool!

#B: 정말? 왜? 어떤데?

.... Really? Why? What is he like?

#네 새 여자 친구는 어때?

.... What is your new girlfriend like?

#네 어머님은 어떻게 지내셔? (잘 지내셔?)

.... How is your mother?

5³⁰

5번 트랙의 마지막 스텝. 수고하셨습니다.
많이 쓰이는 기둥인데 너무 자주 [즈]를 빼먹는 경우가 많아
트랙을 길게 해서 연습해보았습니다. 그럼 정리하죠.

THANK YOU

Thank you
It's all right

thank는 두비에서 do 쪽인 do 동사라고 했습니다.
'감사합니다'라고 말하는 행동. 그것이 thank입니다.
'감사를 표한다'는 거죠. 영어로 말해보세요.

296

#A: 가서 그분(남)에게 감사
하다고 말씀드려!

→ Go and thank him.

#B: 나중에 감사하다고 할래.

→ I will thank him later.

thank는 eat처럼 여기저기 다 사용할 수 있는
일반적인 do 동사라고 했습니다.

잠깐! 이미 하지 않았나 싶죠?
데자뷔 현상, 데자뷔 들어보셨나요?
뭔가 이전에 똑같이 경험한 적이 있는 것같이
느끼는 것. 그런 적 있죠?

우리는 '기시감'이라 하는데 영어는 'Déjà vu'
라고 한답니다. 스펠링 특이하죠? 알파벳 중
저렇게 작대기들이 좌측 우측 붙으면 프랑스
어일 가능성이 큽니다. 영어를 하면 프랑스어
단어도 종종 접할 거라고 했죠?

Déjà vu

Déjà vu, from French

컴퓨터 워드에서 타이핑 하면 스스로 스펠링을
바꿉니다. 글씨로 쓸 때는 없이 써도 됩니다.

#데자뷔다!

→ Déjà vu! = It is Déjà vu!

자! 저번 기둥에서 누군가 "Thank you!"라고
하면 "You're welcome!"으로 화답한다고 배
웠죠. 이번엔 다른 반응들을 보죠. BE 기둥에
서 is로 가면서 자주 쓰이는 나머지들을 접할
겁니다.

Thank you 했더니,

#It's all right.

'괜찮다'는 거죠. '내가 좀 도와주느라 힘들었
지만, 그래도 괜찮다'라는 느낌이 있습니다.

말투에서의 느낌도 있죠.
기분 좋게 다정하게
It's all right~ 하면
"괜찮습니다~" 하는 친절한 느낌이고,
인상 찡그리면서 말하면
"괜찮아요" 하고 퉁명스러운 느낌인 거죠.

또 다른 반응. 우리 누군가를 도와준 것이 성
가시지 않을 때가 있죠? 도와주는 것에 문제
가 없는 거죠. 그럴 때는

#Not a problem!

It is not a problem! 에서 앞을 생략하고 말
한 겁니다.

문제 자체가 없다고 하면서
It is no problem, 그래서 줄여서
No problem!
돕는 데 전혀 문제없다! 괜찮다! 하는 느낌입
니다.

Not a problem.
1

No problem.
0

다양하죠? 그냥 'Thank you' 했을 때 다양한 대꾸들 중 아무것이나 말해도 된다고 배우지만 사실 아무것이 아니라 각각 다 느낌이 다른 겁니다. 여기서는 여러분이 실제 한국어로도 잘 쓰는 것만 익히면 돼요. 계속 더 접해보죠.

상대에게 더 해주고 싶지만 조금밖에 못 해줬는데도 상대방이 "Thank you"라고 합니다. 그럴 때는 웃으면서 "Please~"라고 할 수 있어요.
"아무것도 안 했는데, 고마워 안 하셔도 돼요."
하는 느낌의 please~, 우리말과 비슷하게는 "별말씀을요" 정도가 있겠네요.

누군가 도움이 필요해 보여서 좋은 시민이 되고자 가서 도와줬어요. 그럴 때 'Thank you'를 들으면 기분 좋게 대답하세요.
You're welcome! 혹은 My pleasure!
pleasure는 '기분 좋음'이란 뜻으로 기분이 산뜻해지고 업 되는 느낌을 말하는데
"It's my pleasure"라고 하면 '도와준 것이 나의 즐거움'이라고 말하는 겁니다.
줄여서 my pleasure.

대꾸 방식이 다양하죠?
하지만 실전에서 누군가 "Thank you"
라고 하면 정신이 없어 배시시 웃기만 하다가 상대가
가버린 다음에야 "No problem!"이라고 혼잣말하는
상황이 생길 수 있답니다.

자책하지 마세요~ 저도 그랬습니다. 라이브 공연이라고 생각하세요. 처음에는 다 긴장합니다.
무대에 올라가서 자연스럽게 하고 싶으면 스스로 연습하면 됩니다.
저도 길을 걸어 다니면서 중얼중얼 연습했답니다.

더 빨리 익숙해지고 싶으면 그 상황을 재연하면서 연극처럼 해보세요. 진짜 도움이 됩니다.
연설을 잘했던 스티브 잡스는 한 시간짜리 발표를 위해 수백 번의 회의와 리허설을 거쳤다고 해요.
손짓 하나까지 연습했다고 합니다.

5번 트랙 힘들지 않았나요? 이미 한번 한 기둥이어서 좀 더 어려운 스텝도 다양하게 넣었습니다.
코스 도중 계속 복습될 테니 걱정 마세요.

이제 5개의 기둥을 하셨네요. 아주 다양한 말들을 만들 수 있게 되었습니다.
중요한 것은 지금까지 배운 내용이 쉽게 나올 수 있게끔 연습하는 것이고, 상상하고 감을 익히면서
기둥의 느낌을 기억하는 겁니다. 코스가 계속 진행될수록, 배운 기둥들이 탄탄해질 겁니다.

드디어 6번 기둥에 들어갈 준비가
되셨습니다.
딩~ 잉~~ 잉~~
다음 트랙은 쉬울 거예요. 새로운
마음으로 다음 기둥에서 봅시다.

지름길을 선택한 이들을 위한 아이콘 요약서

- 문법 용어를 아는 것은 중요치 않습니다. 하지만 문법의 기능을 아는 것은 중요합니다. 이것은 외국어를 20개 하는 이들이 다들 추천하는 방식입니다. 문법을 이렇게 기능적인 도구로 바라보는 순간 영어는 다른 차원으로 쉬워지고 자신의 말을 만드는 것은 퀴즈처럼 재미있어집니다.

- 아래의 아이콘들은 영어의 모든 문법 기능들을 형상화한 것들로 여러분이 영어를 배우는 데 있어서 엄청나게 쉬워질 것입니다.

영어의 모든 문법 기능을 형상화한 아이콘

 우리말은 주어가 카멜레온처럼 잘 숨지만 영어는 주어가 있어야 하는 구조. 항상 찾아내야 하는 카멜레온.

 단어든 문장이든 연결해줄 때 사용하는 연결끈.

 스텝에서 부정문, 질문 등 다양한 구조를 접하게 되는 기둥.

 여기저기 껌딱지처럼 붙으며 뜻을 분명히 하는 기능. 힘이 세지는 않아 기둥 문장에는 못 붙음.

 문장에 필요한 '동사'. 영어는 동사가 두-비. 2개로 정확히 나뉘므로 직접 골라낼 줄 알아야 함.

 위치가 정해져 있지 않고 여기저기 움직이며 말을 꾸며주는 날치 아이콘.

 중요한 것은 기둥. 그 외에는 다 엑스트라여서 뒤에 붙이기만 하면 된다는 것을 상기시켜주는 아이콘.

 날치 중 어떤 부분을 강조하고자 할 때 보이는 스포트라이트.

Map에 추가로 표기된 아이콘의 의미

 영어를 하려면 가장 기본으로 알아야 하는 스텝.

 알면 더 도움이 되는 것.

 주요 단어들인데 학생들이 헷갈려 하는 것들.

 반복이 필요한 훈련 스텝.

302

- 문법이란 문장을 만들기 위해 올바른 위치에 단어들을 배열하는 방법으로 영어는 그 방법이 심플하고 엘레강트합니다. 각각의 문법 기능을 가장 쉽게 설명하는 것이 다음 아이콘들입니다. 문법에는 끝이 없다고 생각했겠지만 기둥 이외에 문법은 총 10개밖에 없으며 이것으로 어렵고 복잡한 영어까지 다 할 수 있습니다.

- 복잡하고 끝없던 문법 용어들은 이제 다 버리세요. 여러분이 원하는 것은 영어를 하는 것이지 복잡한 한국어 문법 용법들을 알려는 것이 아니니까요.

 연결끈같이 보이지만, 쉽게 매듭이 풀려 기둥 앞에 배경처럼 갈 수 있는 리본.

 타임라인에서 한 발자국 더 앞으로 가는 TO 다리.

 리본이 풀려 기둥 문장 앞에 깔리며 배경 같은 역할을 할 때 보이는 카펫.

 열차마다 연결고리가 있고 고리끼리 서로 연결되면서 전체적으로 긴 열차가 됨을 나타내는 아이콘.

 어려운 문법처럼 보이지만, 기둥 구조를 익히고 나면 굉장히 간단해지는 기능.

 단어 뒤에 붙어 전달되는 의미를 변화시키는 ly.

 껌딱지같이 간단하게 붙이기만 하면 되지만 껌딱지와 달리 무거운 기둥 문장을 붙일 수 있는 THAT.

 기둥끼리 엮일 때 보여주는 아이콘.

 두비에 붙어 두비의 기능을 바꿔주는 [잉].

 구조를 분석하는 것보다 그냥 통째로 연습하는 것이 더 간단한 스텝.

 실제 영어 대화에서 많이 쓰이지만 국내에서 잘 안 접했던 말.

 전에 배운 Planet 스텝을 이후에 배운 새로운 기둥 등에 적용시켜 Planet을 크게 복습하는 스텝.

 기둥 이외의 큰 문법 구조. 집중해야 함.

영어공부를 재발명하는 최파비아 기둥영어 (전9권)

쉽다! 단순하다! 효과는 놀랍다!
기둥 구조로 영어를 바라보는 순간
영어가 상상 이상으로 쉬워진다.
아무리 복잡한 영어라도 19개의 기둥으로 배우면
영어를 완전정복할 수 있다.
하루에 한 스텝씩!

영어의 전 과정을 커버하는
《최파비아의 기둥영어》 전9권

+ 영어학습을 도와주는 맵과 가리개
+ paviaenglish.com - 무료 리스닝 파일과
샤도잉 연습